古代歷史文化 研究輯刊

二八編

王明蓀 主編

第 23 冊

中國語境的王賡武
——王賡武學術論文與演講報告（1970～2020）（下）

王賡武著、莊園編

國家圖書館出版品預行編目資料

中國語境的王賡武——王賡武學術論文與演講報告（1970～
2020）（下）／王賡武著、莊園編 -- 初版 -- 新北市：花木蘭
文化事業有限公司，2022〔民 111〕
目 2+184 面；19×26 公分
（古代歷史文化研究輯刊 二八編；第 23 冊）
ISBN 978-626-344-097-5（精裝）
1.CST：王賡武 2.CST：學術思想 3.CST：史學 4.CST：文集
618   111010299

ISBN-978-626-344-097-5

9 786263 440975

古代歷史文化研究輯刊
二八編　第二三冊　　　　　　　ISBN：978-626-344-097-5

中國語境的王賡武
——王賡武學術論文與演講報告（1970～2020）（下）

作　　者　王賡武
編　　者　莊　園
主　　編　王明蓀
總 編 輯　杜潔祥
副總編輯　楊嘉樂
編輯主任　許郁翎
編　　輯　張雅淋、潘玟靜、劉子瑄　美術編輯　陳逸婷
出　　版　花木蘭文化事業有限公司
發 行 人　高小娟
聯絡地址　235 新北市中和區中安街七二號十三樓
　　　　　電話：02-2923-1455 ／傳真：02-2923-1452
網　　址　http://www.huamulan.tw 信箱 service@huamulans.com
印　　刷　普羅文化出版廣告事業
初　　版　2022 年 9 月
定　　價　二八編 27 冊（精裝）新台幣 80,000 元　　版權所有・請勿翻印

中國語境的王賡武
——王賡武學術論文與演講報告（1970～2020）（下）

王賡武著、莊園編

歐洲沒有理由因為中國的
崛起而焦慮〔註1〕

崔玉軍譯

　　如果要討論那些準備在全球化市場中打拼的歐洲年輕人的焦慮，最好先瞭解一下亞洲是怎麼崛起的。當然，如果想達到那些受過最好教育的亞洲人瞭解歐洲的水平，歐洲人還需要再努力一些。另外，亞洲的崛起是亞洲人努力向歐洲和美國學習的結果，這一點也是歐洲人難以做到的。這樣一來，亞洲的崛起似乎不難理解，殊不知，這是錯誤的。的確，亞洲模仿了西方工業國家的經驗，而且將來還要繼續依賴歐美的科學和技術創新。不過歐洲人若要理解當今亞洲社會和政治結構——它們中有亞洲現代化的促進因素，也有阻礙因素——的話，還需要仔細地研究，也需要從文化方面去瞭解。

　　作為一名歷史學家，我知道20世紀初期的中國年輕一代是非常焦慮的，因為他們發現歐洲在幾乎每個領域都比中國先進，中國需要很長的路才能追趕上它們。許多中國人為此憂心忡忡，竭力探索復興祖國的多種方式，如造反，如革命，甚至完全拋棄了他們的過去。較之中國人那個時候的反應，歐洲人應該知道現在亞洲的目標是什麼了。歐洲人有這種意識還不算晚，下一代歐洲人沒有理由克服不了亞洲崛起所帶來的挑戰。

　　在我看來，認為曾經強勢的歐洲現在應該感到焦慮，這種想法要比中國歷經長期混亂和動盪之後崛起的故事更有意思。歐洲真的應該焦慮嗎？這種焦慮從何而來？許多學者都談到國際事務正在發生變化，但為什麼這就該引

〔註1〕本文是王賡武先生 2012 年 5 月 2 日在哥本哈根大學演講的演講稿。刊發在《中國道路的現實與未來》2013 年 11 月（輯刊，年刊）第 145～150 頁。

起焦慮？而且這些焦慮與中國有關嗎？讓我直接來說吧，我很不明白歐洲的焦慮與亞洲的崛起有什麼關係，我甚至懷疑中國崛起對世界的影響被過於誇大了。我當然知道，當前世界各國已經感覺到了中國崛起的效應，而且還引起了一些國家的焦慮——比如說，中國的一些鄰國，以及美國的某些團體。不過，崛起的不只中國一家，但當我們閱讀一些著述時發現，當前大家所討論的亞洲崛起，大都是關於中國在過去 30 年中出色的經濟發展成就。其他國家的崛起都受到歡迎，唯獨中國的崛起引起了焦慮，令人費解。

認為歐洲應該焦慮這種想法是很奇怪的。當我回顧歐洲近代歷史的時候，我原本以為，此時的歐洲再怎麼樣，也不應該比「二戰」之後的歐洲更焦慮，因為那時歐洲大多數國家剛剛經歷了戰亂之苦及人員損失。而且，那時的歐洲不得不從其在亞洲和非洲的殖民地撤退，從宗主國變為民族國家，失去了從前的權勢和財富，必定也非常痛苦。另外，「二戰」之後，歐洲在世界上的主導地位被兩個國際新貴所取代：大西洋對岸的美國和橫跨亞歐大陸的蘇聯。在冷戰期間，西歐被迫倒向美國一邊，而東歐則別無他法，只有投靠蘇聯，歐洲失去了全球事務的決定權。在這種環境下，歐洲國家的領導人原本更有理由擔憂自己國家的命運，但據我所知，他們似乎並不是這樣，至少時間不是很長。

歐洲從戰爭廢墟中很好地恢復起來，尤其西歐國家。歐洲領導人在建設區域共同體方面既勇敢大膽又富有創新精神，這是當初很少有人想像得到的。現在，這個共同體正在向一個力量強大的聯盟邁進。在 1945 年的時候，有誰想到歐洲會取得現在這樣的成就？歐洲人的生活水平很快名列世界前茅，工人的生活質量人人羨慕。古老的歐洲的輝煌經驗的確令人吃驚。現在，歐盟模式備受追捧，而不僅僅是東南亞國家領導人。

總之，歐洲的焦慮很快變成了自豪，自信也恢復了。歐洲的復興是極為引人注目的。冷戰結束之後，資本主義理想的黃金時代也來臨了。歐洲和美國的經濟迅速發展，只是因為 2008 年美國的金融危機和 2011 年歐洲的經濟危機而停下來。這不是說歐洲的焦慮也就是幾年的事情嗎？這是暫時的，還是預示著全球權力和財富根本上的轉移？

有人或許會問，世界究竟發生了哪些新變化？下面是世界事務中三個值得關注的因素。

第一，新技術促進了人員流動，加快了信息傳播的速度，從而極大地提高了市場和公共輿論的波動性，難以預測或控制。老式的政治結構能應對這種變化嗎？

第二，現代的、後啟蒙時代對持續經濟增長和共同分享餡餅的信仰已經被破壞了。少數有錢的人會越來越富裕、其他的大部分人則越來越貧窮嗎？歐洲率先建立起來的混合經濟模式現在正面臨嚴重威脅嗎？現在大多數人希望推翻社會和政治制度嗎？

第三，自 1990 年代以來，美國被認為是能使世界更美好和更安全的唯一的超級大國，但現在大家已經不再這麼想當然了。尤其是，亞洲的一些問題是美國所解決不了的，有些甚至可能挑戰美國的霸權地位。肯定有美國要擔心的一些問題，但對於美國因亞太地區變化而做出的反應，歐洲應該擔憂嗎？

前兩個因素對世界上的任何地方都有影響，不是中國效應的原因，對中國的崛起無直接的影響。事實上，相比起歐洲來，中國面臨的問題要更難解決。比如說，近年來通訊技術的進步，以及中國人在利用這些通訊技術方面的那些創新方式，使政府為之消耗了大量的資源。另外，貧富差距越來越大，也在威脅著社會的穩定。相比之下，這些問題在歐洲就在可控制的範圍之內。而且沒有證據表明中國的崛起是以歐洲為代價的。因此，我認為，前面的兩個因素都不是歐洲焦慮的原因所在。

但是，的確有一個因素可能會引起一些焦慮。這可以從主導政治和軍事權力研究的「零和」框架窺見一斑。在這裡，相關性非常重要。在這種框架中，美國對中國崛起的反應具有全球意義。如果大多數美國人都認為美國的地位正在下降，而且覺得中國將成為超級大國從而挑戰美國的霸權地位，那麼美國人的確有理由感到焦慮。這可以成為與歐洲焦慮相關的一個因素。

在過去的半個世紀中，歐洲的態度與美國的態度近乎一致。這是非常明顯的。歐洲經濟和美國經濟都表現優異。在金融業和服務業，很多歐洲國家都追隨美國的實踐和政策。這部分地解釋了為什麼始於 2008 年年末的美國金融危機會直接影響到多數歐洲國家。幾乎一夜之間，大西洋兩岸都感覺到了同樣的痛苦，儘管有的國家稍快一些，有的稍慢一些。

在我看來，這說明現在歐洲與美國的一體化已經達到了非常緊密的程

度。在防務和安全領域這種密切程度更明顯一些，美國通過北大西洋公約組織（原來是用來對付蘇聯的）和其他組織向歐洲提供保護早已成為常態。即便有些歐洲人反對這種對美國的依賴，歐洲和美國的高度一體化卻是顯而易見的。比如說，在 2011 年當英國和法國積極介入利比亞衝突的時候，歐洲原本不會作為一個整體單位統一行動，但是美國的保護起到了關鍵的作用。關於中東的一些決策也是如此，歐洲一直是美國如影隨形的盟友。因此，當面對一些敢於大膽抵制西方影響的地區時，歐盟有著與美國同樣的焦慮。

在經濟和社會領域，歐美之間的一體化可能不那麼明顯。在福利供應和關於公共部門的作用方面，歐美意識形態方面有少許差異。但是歐洲和美國擁有重要的哲學和文化價值觀，浸潤在歐洲人的生活中，並指導他們的思想。儘管歐洲看上去更老成、更聰明，但是由於數十年來一直依賴美國的支持，大多數歐洲人不希望失去美國的保護和領導。從這個方面講，很容易理解為什麼越來越多的歐洲人會像美國人那樣迅速做出反應。因此，如果美國人擔憂中國的崛起，因而決定將防務中心轉向亞太地區時，不難理解許多歐洲人也會有類似的擔憂。有些人甚至還會覺得，如果因為這個原因而引起美國人的擔心和關注，那麼就更應該焦慮了。

總之，歐洲的焦慮，與歐洲與中國的關係沒有任何關係。但因為歐美關係密切，在談到歐洲的焦慮時，我們就必須把美國對中國的看法考慮在內。不過，因為我們今天在這裡不談論美國，我會在以後有機會的時候談談美國為什麼擔憂中國。

讓我們轉到中國效應。2004 年的時候，我曾撰寫了一篇文章，把當前的這種現象稱為第四次中國崛起。我指出，中國的第一次崛起是兩千年之前的秦漢統一，第二次是 7 世紀時唐朝的建立，第三次是 14 世紀朱明王朝從蒙古人手中奪回政權。第四次是 20 世紀末，它與前面的三次有一個共同之處，這就是在此之前中國經歷了國家和社會的重大變化。

中國的崛起是期待已久的事情，而且是現代中國歷史的核心所在。儘管這是眾所周知的事實，但還需要從亞洲的脈絡中仔細觀察。自從 1945 年第二次世界大戰結束之後，許多殖民地領導人都歡呼自己的國家獨立了，但他們都有著與歐洲人一樣的焦慮，因為他們的新國家面臨著在美國和蘇聯這兩個

超級大國之間的取捨。揚‧羅曼（Jan Romein）是歐洲馬克思主義學者，一名荷蘭歷史學家，對歐洲現代歷史非常熟悉。他在 1956 年撰寫的一部講述亞洲歷史的著作，是最早提醒歐洲人注意那些剛剛從外國勢力下獨立出來的國家的潛能的著作之一。揚‧羅曼擔心的並不是亞洲的崛起，而是歐洲能否從多次戰爭中恢復。當我們閱讀羅曼和其他歐洲學者在 1950 年代和 1960 年代撰寫的亞洲發展報告的時候，我們認為沒有理由認為亞洲會崛起，更不會引起焦慮。但是，在經過多年的混亂動盪之後，當今的世界對亞洲的崛起、中國領先都不再感到吃驚了。

我們對中國崛起的能力不應該感到吃驚。中國的島國鄰居日本，把強大的中華帝國所能提供的一切完全掌握了，但當日本發現歐洲更強大、更富庶之後，放棄了中華文明，轉而向歐洲學習，從而使日本在 19 世紀末期迅速崛起。儘管因為太平洋戰爭使日本在 1940 年代和 1950 年代有過一次大的低谷，但日本在此之後一直都在向上發展。顯而易見的是，日本的崛起一直是其他所有大國焦慮的來源。事實上，日本崛起的確很快將它引向戰爭，先是與中國和俄羅斯交戰，接下來再與中國交戰，直至在 1941 年攻擊美國及其歐洲盟國。

日本的故事讓許多戰略思想家頗感躊躇。日本不可能再次發動戰爭，因為它已經吸取了痛苦的教訓，儘管的確有些人沒有完全排除這種可能性。但中國怎麼樣？在這裡，我們談到了當前歐洲人焦慮的要點了。認為中國有能力發展到日本軍國主義時期的高點這種想法的確讓許多美國戰略家感到頭疼。鄰近中國的一些美國盟國也感到焦慮。出於各種不同的原因，有證據表明很多歐洲人也有某些同樣的擔憂。

這與中國發展的速度有很大關係，以及中國共產黨運用中央政治結構適用資本主義經濟發展的能力。就在 20 世紀末之前，沒有幾個人會想到中國會如此快速地崛起。畢竟，在長達一個多世紀中，中國都在遭受內亂、入侵、內戰和革命之苦。1945 年之前，很多中國人都認為這個國家積貧積弱，其古代文明也完全被人遺忘了。

當 60 多年前中華人民共和國成立的時候，它轉向蘇聯尋求幫助，並被認為是蘇聯帝國的一個衛星國。因為這一點，毛澤東時代的中國被認為是美國及其盟國的威脅。但當毛澤東另起爐灶打造自己的革命事業時，中國實際上

變成了幫助美國削弱蘇聯威脅的楔子。毛澤東去世之後，很多中國人對鄧小平感激不盡，因為他合上了一本書，打開了另一本——集中精力為經濟發展創建一個和平的環境。在這部新書中，中國向世界市場打開大門，並直接向歐洲、美國和東亞鄰國學習。中國的成功現在是顯而易見的。中國人和世界各地製成品的消費者都從這種迅速的經濟增長中受益。這種中國效應是一個非常成功的故事，它能引起美國、歐洲和中國鄰國的焦慮嗎？

原因的確很複雜。表面上看，2008 年歐美地區的經濟衰退凸顯出了中國以及其他一些亞洲國家很好地渡過了這次危機。中國經濟繼續發展，因此很多人有了這樣的想法，即中國這種國家驅動的恢復能力能夠成功地承受住資本主義制度的不確定性。這是一種極具吸引力的想法，因此引起有些追隨歐洲發展模式的國家正在重新思考自己的發展模式。中國的成功會如何影響經濟自由化的理想和私人資本的德性，這不再是一個學術問題了，而是一個實際利益問題。

中國效應還有其他形式，但多數與中國無關。當歐元區遭遇一系列相互關聯、難以解決的問題的時候，有傳聞說許多國家向中國求助。不管這些故事是真是假，這樣的故事只能讓人誤解。中國還沒有能力來幫助歐洲的發達國家，國內外媒體這樣大肆宣傳只能引起錯誤的希望，加重焦慮感。當然，這也涉及中國將如何運用其新的經濟影響力問題。

另一方面，中國內部的一些爭論也加劇了中國效應的另外一個維度，這主要源自美國最近對其西亞和中亞戰略決策的調整。由於在這些地區的失敗，美國將其戰略中心轉向東北亞和東南亞，以及亞太地區，這在中國引起了新的爭論。這些爭論的主旨是，針對美國這種公開的、精心策劃的戰略轉移，中國應該作何反應？特別是，越來越多的人呼籲重新評價鄧小平提出的專心經濟發展、不主動介入國際事務的政策。在這種形勢下，軍費開支的穩定增長，博客裏越來越不同的聲音，以及解放軍追求在國際政治中發揮更大的作用，都引起了很多人的關注。但是中國應該為這些焦慮負責嗎？或者毋寧說這些焦慮大多數來自那些希望美國永遠是唯一的超級大國、獻身於將世界帶入美國版本的現代文明的人？

我還想說的是，中國人也有理由感到焦慮。對歐洲年輕一代而言，若能知道他們的中國同齡人的想法，可能更有用。考慮到中國財富和權力的巨大

差距，中國年輕人希望得到什麼？他們的父輩們從西方學習了很多，他們以後還會繼續向西方學習嗎？如果歐洲在焦慮，他們要向誰學習呢？

　　現在，中國許多知識分子發出呼籲，堅守自己的文化之根，找到當下中國年輕一代生活中消失的道德指南針。有的學者指出，歐洲的年輕人相信那些基本的價值觀，因為這些價值觀幫助歐洲強大起來，這對中國來說是非常重要的教訓。只要中國人還對他們的歷史和文化有信心，任何焦慮都會化解的。如果中國年輕一代能夠恢復內心的力量——這種力量曾激發其早期領袖們從戰爭和被侵略的廢墟中重建中國，那麼中國效應才真正值得歐洲年輕人焦慮。

從歷史角度看權力、權利、維權[註1]

一、權力

對於學歷史的人，尤其像我這樣喜歡政治史的，「權力」「權利」和「維權」這幾個詞都非常重要，特別是第一個詞——「權力」。史學家們都非常推崇英國史學家阿克頓爵士講的：「權力會導致腐敗，絕對的權力會導致絕對的腐敗。」這句話並沒有什麼特別，但所有讀歷史、學歷史的人都會感覺很有道理。縱觀整個人類歷史，這句話好像都能適用。雖然不敢說是一種規律，但總覺得它很能引起大家注意，尤其對於學政治史的學人來說。今天我的出發點就是講這個「權力」，它不僅對史學家來說是很重要的一個概念，對學政治學的人來說更顯重要。談及組織與社團，自然會談到「權力」問題，其中最主要的是集權問題，也就是權力集中以後如何去應付的問題。每個社會、每個時代，都有人想辦法要把集中的權力加以限制，就是所謂的限權和分權。集中得太厲害，權力太大就很容易產生腐敗，所有國家、社會、歷史的故事都談到了這個問題。有文化、有文明的國家和地區，如中東、中亞、西亞、歐洲等地方，也都特別重視這個問題。最古老的埃及、巴比倫，一直到希臘、羅馬和歐洲的其他地區以及亞洲國家，連游牧民族也會談這個問題。像東南亞國家，歷史不長，保留的史料也不多，不過也很明顯地面對同樣的問題，最大的不同，就是這些國家是海洋國家，它們的政權結構與大陸國家根本不同。

〔註1〕本文係王賡武教授 2012 年底在北京大學做的演講，經作者審定。文章刊發在《社會科學論壇》2014 年 3 月（第 3 期）第 119～130 頁。

後來近代史裏所說的「帝國主義」是從西歐借來的，基本是「海洋帝國主義」，與中國大陸政治體制與政治權力的運作很不相同。

那麼各國家或地區是如何限制專制君王權力的？一部分國家，像埃及、巴比倫，是通過神權形式，就是借「神的干涉」使國王不要濫權，用神權來控制國王權力。希臘、羅馬又用別的方法，希臘根本上是一種城市政治，是一種很小型的政治。在這裡，「國王」的概念本身難以確定，其實只是一個小城的領導。但是對權力也存在如何進行限制的問題，他們通過我們今天所說的「民主」來限制領導者的權力，形成各種分權方法。羅馬的情況又不同，它根本上是帝國制度。羅馬帝國結束後，分權方法是將帝國和國王的權力分到封建制度上來限制國王權力。中國也有封建制度，中國的封建制度與歐洲的封建制度根本不同，歐洲封建制度能夠切實限制國王或帝王權力，這種制度後來逐漸演變成一種「民族」概念，啟蒙時代的「民族」就變為「民族國家」，「民族」與「民族國家」是從封建制度中演變出來的。在這個演變過程中，一般市民參與封建制度中帶有政治性的活動，逐漸變為「民族國家」中的國民，分權方式變為國王與國民的力量的平衡。這一時期二者關係尚在進一步發展，執行起來是不容易的。歐洲的國王與國民之間的矛盾我們都很清楚，國民不停地向國王爭取自身的權力，來限制國王的權力，這類活動始終在不停地演變。民族國家在18世紀以後成為歐洲典型的國家政治體制。這是歐洲發展出來的一種特殊分權方式，主要集中在西歐國家，如英國、法國等。

中國的情況則大不相同，中國從頭起就有「天命」概念，也是一種用神權來限制國王權力的方式。「天命」概念中有「革命」概念，就是「湯武革命」的這個「革命」。就是說，國王如果濫用權力，人民就有權把暴君推翻。這是一個基本原則。但是，將其理想化以後就成為了一種理論，成為中國政治文化的核心概念，即國王的權力可以受到民間力量的限制，通過「天」的干涉使人民可以表達他們的不滿。這只是一個理想，現實中並不真是如此，但這個理想本身很有意思。換句話說，中國人很早就考慮到了這個問題，即不能讓國家領導人的權力太大，不能讓他濫用權力，而是一定要有一種相對的力量來防止權力濫用，所以「天命」與「革命」可以放在一起。當然，我們說的不是現在含義上的革命，而是古代的革命，是改朝換代的革命。「革命」的概念本身是指民間有權力將國家領導推翻，改朝換代。這種民間權力可以說是一種「民本」的政治文化。「民本」的概念當然很複雜，我不必多講，主要是

說老百姓、普通人也有參政的資格，成功或失敗是另外一個問題，但是他們有權利來抵制濫用權力的暴君。我們知道儒家的經典中有這樣的理論，但是以後並沒有新的發展。它仍然是一個相當抽象的概念，並沒有制度化，沒有講暴政究竟到了什麼程度，人民才能進行有組織的反抗。

　　剛才我講到的西歐封建制度在中國也有，中國的封建制度雖有不同，但也是一種分權方法。周天子沒有什麼權力，基本上是分給了封建的盟主，這些盟主變成了後來的諸侯國。秦始皇一統中國後，建立了一個新的皇權，與過去的天子權力不同。百家爭鳴時期的眾多思想家介紹了許多新的概念，戰國七雄在爭霸的時候，學習並運用了這些方法，像縱橫家、法家、儒家等，最後一統中國的已經不是過去的天子了，雖然名稱仍叫天子，其實是皇權，是一種中央權力非常集中的制度。不僅秦始皇如此，漢朝也是這樣，基本繼承了法家制度。但是，漢朝以後因為法家舉措太苛刻，就採用一種比較和緩的辦法，比如黃老、儒家思想，漸漸減輕法家苛刻、可怕的法律制度。可見，歷史過程中存在一種普遍現象，就是要把已經集中了的權力加以減輕。當時所謂的政府不像今天，漢朝中央政府的職責不多，基本上通過派官員到地方去，將主要工作分給地方官員去負責。中央政府的工作還是有限的，尤其與一般老百姓的關涉非常少。現在我們所謂的教育、衛生、交通等，對他們來說只是一些非常簡單的工作，不過權力還是集中的。雖然他們有一套分權的方法，但是不管如何緩和，仍舊是中央集權制度。中央要有權力，秦漢以後這基本成為中國傳統政治文化的核心思想。權力可以分，但是不能分得太多，不能分得太細，主要的、大的權力還是要在中央。秦漢以後，在魏晉南北朝的國家分裂時期，統一力量不像秦漢那麼強，所採取的分權方法是把國家分為兩部分或三部分。這與中國的原始政治思想又有矛盾，因為在中國原始政治思想中，中國就是一個，只能有一個中央權力。分權而立被人們認為是不自然的、不應該的，遲早要統一起來。這個思想很早就有，值得仔細思考。相比而言，比如像歐洲雖然也有統一的概念，但並不那麼強；有些地方分裂為好幾個國家以後，就照樣各自發展，並不一定要再統一起來。中國的統一概念非常強，秦漢以後的三國就是不自然的，五胡亂華就更不用說了，但是北魏沒有能力統一中國，南方更沒有足夠的力量。因此，雙方的權力都不夠，就只能維持著這種分裂狀況。不過一統天下的步伐並沒有止息，所以一直不停地打仗。到了隋唐，權力足夠實現統一，但是統一的時間也不太久。唐玄宗的

時候有安史之亂，幾年工夫就把統一的權力削弱了。一百多年的藩鎮分權使得中央的權力越來越少，晚唐皇帝的權力非常弱，地方的權力越來越大，後來就變成五代十國的局面，成為中國分裂得最厲害的時代。但當我們去看五代十國的史料，還能看見對一統中國的念想。在中國的政治理想中，中央權力必定要有，不然就不能一統。同樣，每個地方的領導、軍閥都注重掌權，希望自己可以逐鹿中原、一統天下，所以不停地在相互爭鬥。為了一統，就要攫取足夠的權力，使得大家都要爭權、集權。這裡的競爭很激烈，矛盾衝突很強，所以一般百姓的生活非常辛苦，要服從於地方軍閥的爭權。這種狀況就非常不理想，最後大家都認為只有中央有權力才能安定，「一統」之後才能發展，經濟才能興旺，國家才能富強。所以，「一統」是不得不「一統」。既然「一統」那麼重要，權力也就非常重要了，沒有足夠的權力就不能實現「一統」，國家就不能進步。這種觀念在當時不停地被強化，原來我們以為「一統」只是儒家的信念，然而不講儒家學說的人也有同樣的概念，即便是不講什麼原則的人也至少有這麼一個理想，就是要「一統」。

　　我自己因為學習歷史，在學習過程中就考慮到權力這方面的問題。我在東南亞念書，基本上是帝國主義的殖民教育。我當時就注意到，他們西方殖民的基本力量是海洋力量，從早期的葡萄牙和西班牙，一直到荷蘭、英國、法國、美國等，都是靠海洋力量。這一點與大陸權力很不同，即與中國的權力結構完全兩樣。海洋帝國的建立方式和權力主導力量就是海軍，根本就不上大陸，即使上大陸也是在沿海港口或小島，以此來控制大陸。這跟陸權是完全兩樣的，卻和東南亞原有的政治體制有相同的地方。在馬來西亞、印尼一帶，也有國王和帝國制度，他們早期的帝國也是完全依靠海洋，用船、港口、貿易和經濟力量來打造海洋軍力，從而實現控制。西方人到東南亞以後，看到這種海洋的政權結構很適合他們建立海洋帝國的需要，就將二者結合起來，利用這種方法控制整個印度洋和南中國海，也就是馬來群島的海洋區域，一直到太平洋。這種權力結構不靠中央權力，基本上是分散的，每個港口、每個海軍基地就是一個權力中心。這樣發展得很快很順利，因為除了東南亞的一部分地區，其他地區大部分都是大陸權力，無法對付這種海洋權力。結果就讓他們一步步佔領了許多重要的港口，之後他們利用這些港口來控制整個區域的經濟。陸地的經濟和貿易都在海洋經濟和貿易的影響下退居到了次要位置。像有名的絲綢之路到了海洋帝國時期，慢慢就沒有那麼重要了，雖

然在國際策略、國際關係上仍然有作用，但是在經濟上就退讓給了海洋的貿易帝國。海洋帝國就是貿易帝國，也就是靠貿易成立的帝國。但這個貿易帝國也在不停地演變中，主要原因是經濟發展在不斷地引導科技發展，經濟上開闢了新天地從而引導科技上的發展，之間的相互競爭又促進科技的進一步發展，因此他們的力量在不斷增強。亞洲的大陸經濟在不斷衰落，海洋經濟在不斷增長，就使得二者失去了平衡。海洋帝國控制了全球化的經濟近兩三百年，基本上從工業革命之後，由英國帶頭，法國、美國等都繼承了這一套海洋帝國對全球的經濟控制。這個權力的性質是不同的，權力不是靠中央集權在某首都或某地方建立了都城，而是完全靠靈活的海軍力量控制重要的港口，用這種方法來發展經濟力量，從而爭取更大的富強。那麼，在這種背景下再研究中國歷史，我就特別對五代時期感興趣。

在我開始學歷史的時候，我的興趣是研究清末民初歷史。我在中國南京念書的 1947 年到 1948 年期間，看見了當時南京國民黨政府的腐敗，但是沒有想到，內戰後很快情況就發生了變化。這就使我思考：如何才能統一中國。當時我也考慮到中國以前每次分裂後都是如何實現統一的問題。後來，我就把唐末五代作為對象，瞭解中國在過去的分裂時代如何重新實現統一。所以，我研究藩鎮如何分權、中央怎樣變得無權。五代史中，有很多時候中央是無權的，無權的時候國家就亂，權力都分散了。而且分權的方法都沒什麼原則可言，每次分權的性質好像都不同，總之一旦分權，國家就亂的時候居多，而且在亂的情況下就很難把國家統一起來。得需要多少工夫才能把權力集中到足夠的程度來統一中國，這是很不容易的事情。五代時期幾十年無法統一，後來是宋代實現了一定形式的統一。

錢穆教授在香港辦新亞書院的時候，我很幸運有機會與他見面交談。他談起當時剛出版的《中國歷代政治得失》，同時提起了我這個問題。他認為中國的權力問題不僅是一個統一的問題，除了統一以外，國內的分權方法也很值得我們研究。他所講的幾句話給我很大啟發，就是說中國漢朝、唐朝的皇帝權力還受到限制，宋朝以後皇帝的權力才變得越來越大，中央的權力越來越大。儒者去做官，但是沒有真正的權力，權力完全集中在皇帝手裏。他還說，不僅宋朝如此，到元、明、清朝，中央的權力越來越大，士大夫階級和老百姓的權力越來越小。這是錢穆先生給我的啟示，後來我自己看一些書，覺得他說的不無道理。所以在權力這個問題上，有兩個不同的方面：一是統一

中國的權力，要有足夠的權力才能統一中國這麼大的疆域；二是在國內，有皇帝與普通人之間的權力，每個朝代都不一樣。

在這種情況下，中國原本的政治理想是「民本」，在天命與革命的原則上是如此，但在幾千年的演變中，似乎「民本」的概念本身失去了意義。其實也不完全如此，朱元璋的成功也可以說是代表了民間的力量把蒙古人趕走的，但是到了滿清，民間的力量就不夠了，沒辦法與滿清對抗，雖然鬧了幾十年，最後基本被清政府清理了。但是，海上還有鄭成功的勢力，滿族人非常擔心如何處理這個問題，所以海禁也是當時才有的。海禁本身就代表了大陸政治文化與海洋政治文化的矛盾衝突。滿清是這樣，其實朱元璋時期已經如此了，大陸的政治文化避免與海洋有任何關係，寧願把大陸封鎖起來。清朝是大陸政治文化，它的發展朝向中亞和西亞，在海洋方面則是完全放棄。令人遺憾的是，恰好當時西洋靠海洋力量來到亞洲，而這時中國是最不重視海洋的時候。中國幾乎完全失去了在海洋鬥爭中的能力，以至於中國與一種全球化的新勢力這樣格格不入。

在同一個時期，西方除了帶來了一種先進的海洋政治力量，其本身由於工業革命和啟蒙思想的結合而產生了新的政治思想，使得他們對於權力與權利的關係又有了進一步認識。中國傳統思想中以「民本」為政治文化的核心，但是非常抽象。

西歐則漸漸把這個實現了，「民本」的概念也從那時開始產生。18 世紀以前根本也不講什麼「民本」，普通市民在西歐也沒有什麼權利。不過從 18 世紀開始，一方面工業革命帶來科技發展和經濟發展，使得一般的中等階級市民的人數越來越多。他們要爭取說話的權利，國王也不得不考慮他們的權利。法國大革命之所以成功，就是因為當時西方的「民本」概念成熟了。君主制被改變，成立了共和國，建立了一種民族國家。民族國家的最大不同，就在於它不是貴族的國家，也不是國王的國家，民族國家在其定義上，就包括了民族裏面每個人都多多少少有自己的權利這樣的概念。而中國此時正處於最保守的、滿漢結合成為一個新政體的時期，非常安定，有著自己的繁榮規則，這就是大陸經濟的規則。然而在同時，西方的海洋經濟規則、工業革命之後的規則、再加上他們自己的「民本」思想與活動，使他們漸漸增加國民的權利，漸漸沖淡國家政府、中央集權的權力。

二、權利

　　我覺得「權利」概念比「權力」更重要，無法迴避。我最初碰到「權利」概念是看到一些國際法中的「權利」。19世紀中葉，美國學者Henry Wheaton寫過一本名為《國際公法》的書，中間的「Rights」翻譯成中文就為「權利」，後來日本學者也是這樣翻譯。「權利」這個詞當然在中國也有，但是意思不一樣，尤其是為什麼把「權」和「利」放在一起？

　　我以前非常佩服康有為、梁啟超，他們所想所做的很有道理。不過很明顯的是當時的皇帝無權。如果連皇帝都沒有權，那麼康、梁提出的許多很有意思的新想法就沒有辦法行得通。我從小就對孫中山特別尊敬，他在南方的幾次造反都失敗了，武昌起義當上代總統，但是他沒有權，民望是沒有用的，最後只好讓給袁世凱了。孫中山先生寫了一些理論，很多次談到「權力」問題，同時也談到「權利」問題。他的概念可以分成兩點：一個是國與國之間的權利。孫中山注意到，滿清失敗的原因就在於不能維持在國與國之間存在的自己的權利。因此它的主權就一步步地消失了。孫中山先生講三民主義，講五權憲法，這個都是國內權利，但基本上都包含著國與國的權利問題在其中。孫主要還是講國家民族的權利，怎麼對付外族的侵略、欺負及各種壓力，是一種集體的權利。所以孫中山講的權利一是國家主權的問題，另外就是民族權利的問題，即怎樣站起來，不被外族欺負。因此他常常說，中華民族是一團散沙，不能團結起來，他認為一定要團結才有力量，這種力量是以民權為主的，所以他的民權並不是我們所說的民主，至少重點不在那裡。

　　抗日戰爭、解放戰爭中的中國，在中央可以說是無權的。抗日戰爭期間，國民政府根本無法統一中國、無法和日本真正爭權，力量不足，結果還是靠外界支持才能維持下去。即使在抗日戰爭後，國民黨本身也沒有足夠的權力去統一中國，更談不上權利。所以那個時候爭權，是名義上跟國民政府爭取民權、民主，共產黨也好、第三勢力也好，都儘量想辦法，但這不是主要的。主要的還是要有權力去統一中國。最後，還是按照中國傳統的合法性的統一方法，就是在戰場上打仗，誰能夠打勝，誰就能夠得到天命，是民心所向，這是我們傳統的概念。換句話說，雖然是現代的政治活動，但是和傳統的天命、新的革命和舊的革命結合起來。通過戰場上的勝利統一中國，就獲得合法性的新的權力。這個權力和權利明顯不同。這幾十年爭權年代，民間也增進了對權利的瞭解。一般的民眾，至少知識分子，中學以上、大學生有新的考慮，

不僅是主權、民權的問題，還是一個普通的一般參權、中央權力分權、限權的總的政治活動的進行，這是新的。我所瞭解的是還沒有系統的想法，但是一般的知識分子都有這個理想。

第一次考慮權利的概念之前，我從未注意到權利的問題，因為我研究政治史持續關注的是權力。觸發我思考的，也是因為中國的問題，比如對中國文化大革命的不同認識。海外看「文革」，認為一方面權力過分地集中，一方面是權力被一個人獨斷並得以濫用。為什麼會這樣？那些年在討論權力的問題，怎麼會呈現權力集中到一個人手中的局面？共產黨本身作為一種新勢力的革命黨，不會讓一個人集權到這個程度，我們外面看中國是這麼想的。怎麼會達到這樣的集權的程度？我想不清楚。那個時候權利的問題在世界範圍內得以廣泛討論，這是從西方的角度，不停地在爭取普通人的權利：法權，法律上保證普通人的權利、財權等等，各方面的權利都要想辦法用各種方法來限定、斷定，並得以保障。這個大趨勢下中國好像朝著另外一個方向走，集權到那個程度。下面我們就開始討論這個問題。

1979 年，鄧小平剛剛回到政壇，剛開始講改革開放。我開始想「權」和「利」怎麼會結合在一起？現在看來當時非常幼稚，過於簡單。我在想當時翻譯「RIGHTS」的時候怎麼就把兩個字用在一起？好像意思不一樣，但這是一個新的詞。一個新的詞可以避免不談權、利。所以我那時候有點好奇，想追問：到底「權」和「利」應該怎麼看？我當時只是考慮到傳統的儒家觀念。儒家對這兩個字都有偏見。「權」和權貴、權勢、權謀聯繫，都是反面的；利又是不行的，像「孟子見梁惠王」說的「何必曰利」，即「利」是為了自己賺錢的，不談道德仁義禮智信的經濟利益，都是負面的。我當時想，「權」和「利」分開都是負面的，合在一起怎麼成了褒義？我覺得莫名其妙，就寫了這篇文章。現在想起來覺得太過簡單。我當時有個看法，認為傳統中國並不是沒有權利的概念，其實中國儒家傳統是特別重視責任感、義務等概念。例如孝順父母是一定要做的，但是不只要求子女孝順父母，父母的慈愛也應是對等的。所以我想的是很簡單的：義務本身包含權利的概念，你有這個義務，對方就有權利接受你義務的履行，你也同時對對方有權利要求。你要孝順、我也慈愛，很簡單。忠也同樣如此：本來忠似有盲從的意思，但並不完全，效忠的理由也是來源於「君君臣臣」的概念。皇帝對你怎麼好，你就怎麼去效忠。所以義務、責任都包含著權利的概念，但並沒有明顯地把這個概念突出出來，突

出的是義務而已，但是義務之中已經包含了權利的概念。既然如此，我們中國傳統文化沒有明確的權利的概念，卻有著一種與義務相對應的權利意涵。總之有義務就有權利，有權利就有義務，二者是分不開的。我們基本是有這個概念的，只是不重視。既然突出義務那部分，大家都明白他有他的權利，明白地暗含其中。我當時對自己的這種想法是很滿意的。

　　後來我看到柳存仁教授的文章《說權及儒之行權義》，才覺察自己 1979 年那時候的想法太簡單了點。「義務包含權利」的想法不夠解釋中國的權利的概念。在中國，「權」字特別重要。他就把中國古代文獻中所有的「權」字的用法找出來，分成好幾種。剛才我講的權勢、權貴的用法是在法家中運用比較多，儒家也用。道家不同，更側重於權謀的理解。但是這些用法都是在權後面加一個字，主要的意思都是權衡：如何權衡、斟酌、考慮的大小強弱。儒家也有，柳先生說，儒家在「行權」方面，怎麼去用權有其特殊的想法。他舉的例子蠻有意思，如「反經為權」（出自《左傳》）；另一個是「執中為權」，即有選擇地平衡、權衡。執中本身就是一種權，能執中就是能得當。往下還有中國政治制度的演變，他公開地說是儒法混合，這個大家都知道的。但是一般人認為思想上是儒家的思想，制度上是法家的制度。但是這麼解釋的話，柳教授說這可能不太公平，其實是儒法相混，很多說法，儒家和法家講的差不太遠，行的時候也有許多相同之處。他舉了很多例子我就不多講了，但他有幾句話是值得我們再斟酌的，如第一句：「一時之權是萬世之利。」在一個時候怎麼樣去執中、平衡勢力。做得對，萬世之利，對大家都有好處。另外更加苛刻的「權謀有正有邪」。我們心裏是知道這個的，但是他講的很明顯「賢人之權為事、為國，佞人之權為身、為家」。這樣去區分，但是他不用「小人」，用「佞人」。換句話說，權力本身是需要的，但是要看誰來用是最重要的，所以儒家的重點是擺在要好人當權上面。好人當權，用權就正而不邪了。中國講「內聖外王之道」，為什麼把「聖」擺在前面，「王」擺在後面，就是認為當領導的首先是他自己的品德，必須是正人、好人。最後他不反對權力，認為這是必要的，但要由好人去運用。儒家重點就在於怎樣培養有道德，講仁、義、禮、智、信的人來當權。

　　為什麼我也別受啟發，就在於他的儒家思想深度更深了，不是那麼簡單、片面的。他很瞭解儒家的思想。這個「權」「利」關係，即「權」是有「利」的。「權」怎麼用，就是要靠培養好人去用。

三、維權

維權這個概念古代就用，主要意思就是維護權力。所有的當權者，從國王、貴族到一般的家長，當權者都要考慮如何保護、維護權力。但是，這個用法與剛才講的天命、革命等基本概念是有關係的：用的不當，會有反抗，革命的力量可以把你的權力削減或者剝奪。政治文化中還有一種民本的概念：對方到最後還可用他的機會、權力來對付你。這是我認為跟中華文明傳統有直接關係的，即權力的大小、適中與民本政治文化的維權思想（包括上層維護其權力和下層維護其權力）。這個概念，中國本來就有，不一定是這個詞，但是有這個概念。

再一點，權力本身是社會、團體、組織之間的力量，但是國與國之間的權，也是本來就有的。王與王之間、國與國之間的權力的平衡和互動，也是雙方要盡其力量維權。而且每個有權的人都在考慮如何維持、維護其權力。最怕就是權力不足，做事要權力，否則再好的意願也沒有用，像剛才講的康有為、梁啟超，想用各種方法挽救國家，結果連皇帝都沒有權，權力不足，所以談不上保護誰的權利。

改革開放之後，鄧小平說經濟發展所產生的新的權利，即保護主權、民權、保護國家的地位和人民生活的水平，使國家富強。主權的保護一定要發展經濟、改革開放。這也是一直維權的方法，最後目的還是國家強盛、主權完整，所以維權是很普遍的。

再進一步，大概 90 年代，講的比較多的是維護法權。大概那個時候全國的大學建立了不少新的法學院，每個法學院都談到個人權利、財產權、商權等各方面的權利。這不僅僅是從外國抄來的，中國自己本身在面對很多的問題，遇到的新環境，需要獲取新權利，於是很多人都在考慮如何進行法律的改進，使之能夠保護法權。個人、團體、社會各種法權都要保護。所以維權的概念似有擴大，從中央集權的權力、國與國之間的主權，一直到個人、社會的法權，一直在擴大。但是基本概念還是維權，「權力」和「權利」兩者越來越分不開了，基本上是同一個概念的兩部分，基本上是合一的。

我剛才講中國政治文化的核心是民本文化，其本身要求執中。過分講國家穩定和集權的力量，都是不適宜的。同樣過分重視個人權利，反對中央或者國家的權力也是不適當的，也會有其危險。這是我們中華文化中民本政治文化中的中心概念，即執中、平衡，即謀求權力和權利的平衡。

四、結語

講到這裡，我簡單做一個總結：

第一，世界上的每一個地方、每一個傳統都重視權力。問題是每一個地方每一種文化都要考慮怎樣應用權力。這是主要的問題。同時也要考慮如何保護權力。有權力者要考慮，無權的人也要考慮這一點，而且有權的人還要考慮權利和權力的平衡，這兩者是性質相同的一體兩面的問題。

第二，西方資本主義的經濟發展，就要考慮如何實現經濟的穩定，使社會安定。尤其西方國家要避免革命，維護政治的平衡。這可以認為是維護權利的不同策略，這種策略是用現代化的新想法來維護，但是基本目標仍舊是調整、維持權力和權利的平衡。不管是資本主義、社會主義，雖然所採取的方法策略不同，但總的目標還是相同的。現代社會和政府更是如此，因為古代封建社會、國王社會、皇權帝國，國王所負的責任非常輕的，基本上就是集中權力、用權，謀求安定；現代政府不同，西方兩百年以來已經發展到當今之勢，政府負擔的責任越來越多，人民對政府的要求也越來越多，那麼這之間的來往越來越密切，衝突和矛盾也越來越凸顯。這是新的政治權力所面對的新的問題。西方早就發展到這個地步，中國也難免面對這個問題，不管是資本主義還是社會主義，政府都要負擔更多的責任，中央用中央的權力去滿足一般人民的願望。

那麼中國的民本政治文化，在當今社會還可以談嗎？我曾經考慮，繼續演變下去會成為一種民本主義。不過，民本文化是來自古代，這個概念沒有得到很好的定義，更沒有好好地解釋，就是理想。一般的人在天命之下有革命的權力，應該有其適當的權力的。在現代環境中，我認為民本概念本身是對的，但民本怎麼進行、怎麼改進，才能成為能夠適應新的現代化環境的方法，要經過一段現代化的先進的內容插入民本的概念並充分地發揮。

從中國來看，西方的政治或者是最先進的社會主義，其實也是一種民本思想，以民為本的思想，原則上並沒有太大的差別。問題是其行的方法、採取的新的觀點、新的法律規定的步驟，怎樣保護、維持一般人的權利，使中央集權和民間權利和平共處，這些方法西方走得遠一點。可能走得太遠了，有些過分講的民權、民主，中央集權反而衰落了。不平衡達到一定時候，中央權力本身也受害。現在西歐、美國也在考慮這個問題。他們的政治中也在面對過度民主使中央權力受到各種限制，因此中央的力量反而不如過去的效

用高，他們也要再考慮怎樣去改進。

所以，我們中國文化中民本的概念本身沒有好好發展成為具體方面的定義、解釋，還有改進的餘地。如果能夠做到的話，我們講的「中國特色社會主義」和他們西方特色的民本主義是有可比性的。西方走的另外一個方向，但其原則上，民本概念是很深的；而我們中國是講的很抽象、很理想，卻沒有能夠具體去解釋，這是落伍了。但是基本概念並沒有太大的差距。如何將中國的民本主義發揮出來，並與中國特色社會主義結合，使得中國特色的社會主義和西方特色的民本主義能有相通的、相互幫助的地方，還是很值得我們考慮的。

最後，權力和權利之間的關係，很複雜，也很微妙。兩方面都可以用「維權」來解釋。一方面要保護權力，一方面也要保護權利。我們清楚權力和權利是不可分割的。分開談的話就有很大的誤會；合起來談也有很多困難。但是，這一命題很值得我們具體地去解答。解答得好，維權的概念就在兩方面都能用。如果僅僅是維護個人的權利，不維護國家的主權、權力的話，對兩方面都沒有好處。我想這應該是值得我們繼續研究的，即通過自己的民本的權力去維權、保護自己的權利，同時也要保護我們現在的社會、團體、個人的權利。此外，把維權分為維護權力和維護權利一起研究、一起進行。

文明無國界：以史為鑒 〔註1〕

　　非常感謝北京論壇的邀請，讓我有機會來談一談當今廣受關注的文明問題。今天的演講將分為兩個部分。首先我要提出一個觀點：文明是可以無國界的，這從現代文明已經逐漸支配世界中也可以略見一斑。接著介紹一種以歷史研究為核心的獨特中國文明，並探討該文明的經驗可以為未來文明發展帶來怎樣的啟示。

　　有史以來，所有世代同堂的大家庭或部族都會有自己的文化，而文化的相互碰撞、融合就形成了文明。「文明」一詞最早出現在 17 世紀的西歐地區，主要是指人類在技術發展與革新的推動下，從蒙昧野蠻過渡到文明開化的過程。隨著城市生活的出現，人們開始變得謙恭有禮，並因一定的價值觀念和物質條件結合在一起。這就是「文明」的開始。它強調，城市或諸侯國必須在一定的社會和經濟條件下才能產生政治秩序。在這樣的國家之間，文明是沒有界限的。

　　東亞起初並沒有「文化」或「文明」一類的詞語，而是以其他方式來區分「開明」與「愚昧」。人們通常會判斷某一農耕社會的社會秩序模式：以家族親緣關係來確定社會秩序的即為「愚昧」，而以國家結構穩定性來確定的即為「開明」。歸根結底，強調的還是讀寫和文字的重要性。於是，「有序」和「混亂」之間就劃出了一道界限。

　　自 18 世紀起，西方民族國家的工業化為文明帶來了新的標準。歐洲人曾

〔註 1〕 這是王賡武 2014 年在北京論壇的主題演講。刊發在《北京論壇（2004～2015）主旨報告與特邀報告集》2016 年 11 月第 322～329 頁。

認為東亞有一種獨特的文明，但在 19 世界他們屢次擊敗了中國，進而得出結論認定東亞文明已經落後了。中國的有志之士在肯定東亞文明的同時，也準備好師夷長技以制夷。中國領導者意識到，不同於「開明與野蠻」或「國家與國家」之間的界線，「文明與文明」之間不可輕易劃界。文明是可以沒有國界的。

25 年前，弗蘭西斯‧福山提出「歷史的終結」的命題，將文明與歷史聯繫起來，引發各方辯論。塞謬爾‧亨廷頓不同意這一命題，認為文明間會不斷地產生衝突。他們的觀點掀起軒然大波，引發了無數的爭論和批評，但也促使我們重新思考文明的本質。

福山認為，現代文明中的一種形態將取得最終勝利，並指出我們現在就可以預知人類未來能取得哪些頂尖成就。雖然他沒有言明，但我解讀他的意思是，以科技革命和資本主義全球化經濟為基礎的西方自由民主制度將成為人類歷史發展的最終形式。其所代表的文明，結合了古希臘羅馬和猶太基督的信仰及文化，並在與其他不同起源的文化、信仰發生碰撞融合的過程中，吸收了對方先進的理念和體制。正是這種兼容並蓄的能力奠定了該文明的成功，也孕育出一種新的文明架構，可以在現代社會中彰顯其強大與魅力。

亨廷頓並不同意這樣的說法。他認為，人類歷史並不會很快終結，未來鬥爭重重，並將出現進一步的文明衝突。他強調，世界上存在著多種文明，而且其中有幾種文明注定要為權利相爭。他提出至少有兩種文明，即儒家（中華）文明和伊斯蘭文明，將會對西方創造的權力結構造成巨大威脅。因此，西方必須有所提防。他甚至擔心這兩種文明可能聯手，使西方文明失去現有的霸主地位。

由於亨廷頓的理論涉及很多歷史問題，許多人對細節提出質疑，但辯論的焦點仍在文明間是否存在衝突。批評者們認為，歷史上有眾多實例證明，不同文明之間是可以和平地相互學習的，而正是這種學習的過程奠定了人類進步的基礎。世界範圍內的權利爭鬥是野心勃勃的激進分子所為，與文明衝突根本沒有關係。

因此，批評者們認為，根本不存在文明衝突。我也加入了這場辯論。我認為，亨廷頓確實十分憂心西方文明的出路及其霸主地位，因此不斷強調過去列強是如何以文明差異為藉口來美化戰爭行徑從而爭奪統治權的，而現在仍有很多國家會以此方式來獲得支持和權利。他在講述文明衝突時，也談到

一個或多個強國利用共通的文明遺產特徵來加強自身力量的情況。而現在，能藉此來挑戰西方的國家仍然存在。因此，西方要看清危險，不能因眼前取得了現代文明戰場上的勝利而沾沾自喜。

但福山和亨廷頓都希望探討，如何通過回顧過去來理解文明和歷史對未來的影響。福山更深一步研究了政治秩序的起源。他在最新一部著作中指出，自古代最早出現國家開始，國家就成了探尋世界秩序的關鍵。冷戰後產生的許多問題也與此息息相關。當世界格局從美蘇兩極對峙走向美國單極霸權，超級大國美國將如何維護其世界統治地位？如果美國有能力確立現代文明秩序，那麼，應如何確保美國的持久繁榮興盛？

這個問題把我們帶回了文明的起源和本質：文明是成功國家形態的產物。一國強盛時形成的文明可能隨著該國的衰敗而沒落，但其創造的理念和體制會煥發出自己的生命力，並不斷傳播至其他國家，生生不息。

亨廷頓指出，在眾多的現有文明中，有兩種文明有能力並且正試圖對抗西方，那就是儒家文明和伊斯蘭文明。雖然印度佛教等其他文明也正經歷復興，但對西方還構不成直接威脅。我認為實際上，文明的相互交融曾帶來巨大的利益，但人類卻因相殘和誤解而阻礙了前進的步伐。

我們知道，西方主要文明與伊斯蘭文明敬拜同一個神，並有著同樣堅定的一神論和超驗信仰。他們都起源於猶太教和古老的地中海文化。通過回溯基督教分支以及伊斯蘭遜尼派和什葉派的發展軌跡，我們可以瞭解它們如何對抗多神論教派，基督徒如何戰勝希臘人和羅馬人，以及為何最後佔據優勢的基督教會遭遇分化，在與先知穆罕默德創立的伊斯蘭教勢力交鋒中，將半壁江山拱手讓給了虔誠的阿拉伯人。

這場文明內戰的迷人故事仍在繼續。起初的數百年間，穆斯林學者和哲學家一直繼承著古希臘的思想，來提升他們對早期科學進步的認識。後來，他們開始信奉自己的聖書《可蘭經》，並將其視為所有智慧的唯一來源，拒絕接受理性分析和科學方法。之後，他們又試圖依靠信徒和武力建立貿易壟斷，以重現穆罕默德革命的榮耀。為予反擊，基督教王國發起了十字軍東征，最終無果而終。只有當基督教國家真正意識到自己的沒落後，才會從沾沾自喜中清醒過來，開始審視自己的困境。陸上的封鎖隔絕了歐洲與印度和中國等其他文明的聯繫。於是，歐洲沿海國家紛紛開闢大西洋新航路，重拾昔日實力與信心。他們的努力獲得了成功，並通過一系列偉大運動揭開了文藝復興

和宗教改革的大幕，西方基督教也由此從弱勢轉為強盛。

　　我們可以將基督教與穆斯林之間的鬥爭看作是一神論者之間的內戰。雙方都希望自己信奉的神是世間唯一的真神。隨著古希臘羅馬文明的復興，產生了俗世主義思想，而這種思想在虔誠的基督教徒眼中是對上帝的公然褻瀆。於是，分歧愈來愈大，戰火愈燒愈烈。戰爭導致創造了工業資本主義和新俗世國家的現代文明與通過暴力護教戰爭來維護自尊的人們之間的分歧日益嚴重。這就是亨廷頓提出「文明衝突論」的依據，也是他最受反對者詬病的地方。當雙方的信仰有著相同的根源，歷史的脈絡相互交織，怎麼會出現文明衝突？當雙方跨越 1500 年的歷史長河，互相學習彼此的理念和體制而變得時有強弱時，怎麼能稱為文明鬥爭？地中海內部及周邊地區上演的內部衝突至多告訴我們：各國的文明都是沒有國界的。

　　接下來，我要介紹另一種文明。無論其起源還是歷史發展軌跡都異於其他文明。這就是中華儒家文明。儒家文明在東亞影響甚廣，傳入韓國、越南和日本等地後又形成不同的宗派。我之所以要在此著重進行對比，是因為我不同意亨廷頓對「文明」一詞的運用。他很籠統地使用了這個詞，卻沒有分別說明伊斯蘭和儒家文明與西方文明之間的差異，這樣一來就好像伊斯蘭文明與西方文明間的差距同儒家文明與西方文明間的差距是一樣大的。我覺得從文明的差距上來說，把中華儒家文明與伊斯蘭文明歸於同一範疇是具有誤導性的。

　　中國儒家文明的獨特之處眾所周知，但今天我仍要著重提出其中一個要素，那就是價值觀。正是價值觀決定了不同知識的相對重要性。伊斯蘭教和基督教同為亞伯拉罕宗教，信奉唯一真神。而中國崇敬先人，在公元前三世紀就出現了諸子並立百家爭鳴的局面。最終，講究治國之策的儒家和法家流傳最為廣泛，由此奠定了 2000 多年中華文明的基礎。當然，歐洲的印歐語系民族和印度次大陸也信奉多神教，包括信仰眾神的古希臘、古羅馬宗教和現在仍十分活躍的印度教，其中的印度教經宗教改革分化出了信奉無神論的佛教。

　　我今天主要討論的是一神論文明和中華儒家文明，及其各自對待不同知識體系的價值觀的態度。之前我提到，西方文明和伊斯蘭文明是同根同源，但在歐亞大陸的西半部卻相煎太急，發展成為兩股敵對勢力。相對而言，同時期的伊斯蘭文明和中華儒家文明卻沒有太多交集。除了絲綢之路將它們偶

而連通外，中亞廣袤的沙漠綠洲將兩個世界遠遠隔開。

顯然，兩種文明是從完全不同的源頭汲取知識的。西方基督教世界和穆斯林世界依靠的是《聖經》和《可蘭經》，他們從中獲得思想、準則和智慧。聖書中記載著上帝的告誡和預言，不容置疑。歷史上，這兩種文明都與古希臘羅馬文化有過碰撞。只不過基督徒排斥這種迥然不同的文化，而穆斯林最終卻接納了它。一千年後，基督世界迎來了第二次機會，吸收了古希臘羅馬的精華。這就是非常有創造力的文藝復興運動，並由此奠定了現代世界的基礎。

在中文當中，兩種文明的起源都是「經書」——《聖經》和《可蘭經》。他們重視數學、醫學和文學。他們有自己的歷史，尤其是基督教會和殉道者的歷史，或先知及其門徒的氏族譜系。但對兩種文明而言，各自的經書都是最神聖、最不可或缺的。

中華文明的起源卻截然不同。它在歷經了幾個世紀的紛亂後，才形成了正統的官僚王朝。戰國時期，各國混戰不休，法家思想幫助秦國一統天下。繼秦朝之後，漢朝繼續推行法家路線，加強中央集權，國家日益強盛。然而數百年來，這個泱泱大國從未選定任何一本「聖書」。當法家的規則過於嚴苛時，人們就會引用道家思想、陰陽之術以及儒家教義來稍作糅合。儒家思想歷經百年之後才得以發揚光大，儒家弟子才在有力的輔佐下，獲得執掌朝政的力量。

漢朝沒落後，政權不斷更迭，群雄割據長達四百年。傑出的儒家法家才俊們被收入草原各部落麾下，他們吸納了印度傳入的佛教王權思想，並加以運用。當時，對於漢語學習應推崇儒家、佛家還是道家經典，並無定論。人們將重要的書籍分為經典文籍、歷史著作和百家言論（其中很多內容都可以稱作實踐知識）。用一字簡稱，分別為「經」、「史」、「子」，而所有的文學作品則合稱為「集」，意為「文學選集」。

人們逐漸發現儒家思想才是最有效的治國之策，於是開始追捧儒家經典。與此同時，人們還可以判斷選擇哪些「史」書最有治國價值。唐朝（公元 7 世紀）初期，儒家著作是正式教育的必要內容。而宋朝（公元 11 世紀）則要求「六經勤向窗前讀」，而到 13 世紀末，更形成了「儒學十三經」。

在此前數百年的歲月裏，中國的統治者和官吏們都沒有確定自己的經典「聖書」，這一點是頗具啟發性的。這充分說明，知識是人類創造的，需要經

歷不斷地重新審視和評估。最終，只有國家以及這個國家為其子民提供的社會和政治秩序才是最重要的。也就是說，中華文明以成功治國為核心，而宋朝統治者也將新儒學教育視為其最高成就。

這些儒家經典雖未能幫助宋朝逃脫蒙古入侵的厄運，但其地位也並未被新的佛教和道家思想所撼動。14世紀，漢人重新奪回政權，建立明朝，新儒學典籍再次被奉為必讀的經典。當時，人們普遍認為知識應分為以下四大部類，依次為：

經、史、子、集

也就是儒學經典、歷史著作、諸子之學和文學選集。

清朝的滿族統治者也沿用了這樣的知識分類，並一直延續至20世紀。直到清朝滅亡，中華民國成立，人們才開始對傳統分類進行重新審視。

因此，像亨廷頓那樣將中華文明與伊斯蘭文明歸為一類，認為他們終將聯合起來對抗西方文明，是不可取的。伊斯蘭教和基督教同根同源，一脈相承，數百年來一直保持著一種辯證的關係。而歐亞大陸另一端上的中華文明，在19世紀前與西方基督教幾乎沒有任何交集。對於中國人而言，西方和中國基本沒有共同點，他們只是驚歎於西方高超的科學技術以及經濟軍事水平，希望傚仿而已。重要的是，中國人所感興趣的西方文明實際是其中受到古希臘羅馬俗世文化影響的部分，而不是西方與穆斯林共同信奉的一神論教義。這說明，來自不同文明的人們會有選擇性地學習其他文明，因而存在無國界融合的可能。

當今中國正在竭力挽救自己的文明，而這也將幫助我們更好地探討無國界文明的問題。以「經」、「史」、「子」為例，儒家中華文明從未侷限於任何一本聖書，或特別尊崇某部經典。他們經過很長時間才決定將非儒學著作歸為「子」類，以區分儒家經典。「子」類知識包含了道家和佛家著作以及日常所需的技術文獻，對普通人而言更具實用性。這些書中還介紹了一些實驗性的實踐以及科學思想的起源。

而對於文人學士而言，「經」、「史」更為重要。數百年來，學者們普遍認為，各類經書，包括《詩經》、《尚書》、《禮記》、《春秋》以及儒家學派對《易經》的點評，都是對中國早期歷史的記錄。這些典籍中所記載的重大活動和決策，鑄就了古老的中國和中國社會，也反映了一心求取功名的學者官紳最世俗的一些想法。對於想要尋求治國良方的人而言，「經」、「史」的價值無疑

是巨大的。「經」書中提出了人類的普遍法則，而「史」書中則記載了成功的治國體制。因此，這兩類知識成為了各朝各代獲取智慧和成功的核心。

隨著中國發展成為一個現代化的多民族國家，人們很難相信「經」書仍適用於現代社會。雖然許多中國人認為這些經典是跨越國界的，但外國人通常不這麼看。在他們眼中，「經」書只屬於中國。然而，如果「經」書的價值只限於一個國家而不是全世界，那它不過是一種專有的思想體系，而不能成為一種可以提供普遍文明規範的學說。

於是，中國的思想家們不得不面臨一個兩難困境：是否應該改用其他具有全球價值的「經」書來取代舊的「經」書？而如果中國希望成為一個具有偉大文明的現代化國家，是否應該乾脆淘汰「經」書，改用無國界的科學理論來散播科學社會主義理想？有人傾向於重新選擇一套非民族主義性質的經典書籍，以體現中國特色的社會主義。從各方的激烈爭論中我們可以看到，中國人民希望自己的民族能夠明確未來的發展方向，同時不忘延續過去的歷史。

談及歷史的延續性，最近人們又開始討論 18 世紀歷史思想家章學誠提出的「六經皆史」的命題。這就又回到我們之前的觀點：「經」書中簡明扼要地記錄了過去政治秩序的建立情況。書中的一些政策和行動正是秦、漢兩朝得以興盛的基礎。後世根據自己的經驗不斷加以解讀和重新解讀，並結合中國龐大的體制發展史，進一步擴充了「經」書的涵義。

只有結合「經」、「史」，才能看到中華文明最獨到之處。但即便如此，其仍不能與新知識經濟所需要的科學技術相匹配。這就是為什麼中國的思想領袖們一直希望借助現代的諸子之學來追趕西方。但他們又不願讓科學與技術蓋過古老中華文明的光芒。因此，對「經」「史」結合的知識基礎進行重新解讀就尤為重要了。

這就好比有人認為人文和社會科學的是密不可分的。但由於西方追求物質科學中所使用的定量方法，因此不得不將社會科學與人文區分開。中國學者認為這是一種進步，但仍然希望能將新的知識與他們尊重的人文傳統統一起來。

如果使用「經書」、「史書」和「諸子之學」來解釋中國與西方現代學者之間的差別，我們會發現兩種文明已有了相當程度的融合。對於未來，我提出以下幾點看法：

中國人一直重「經」「史」，輕「諸子之學」。但現在他們已經認識到，這是造成其文明劣勢的主要原因。

西方使用科學（「諸子之學」）來加強對人類和社會的研究，這給中國人以深刻啟示，讓他們看到現代文明方法論是沒有國界的。

西方將社會科學與人文區分開來，對兩者而言都是不小的損失；中國學者正在研究如何利用中國的知識傳統將兩者統一起來。

中國非常強調秩序和國家治理，因此「史書」是中華文明保持其獨特性的核心要素。

以現代的觀點來說，「史書」與「諸子之學」的並重，就好比「人文」與「社會科學」的統一。

簡言之，中國人已意識到，更新「諸子之學」有助於創造繁榮，而研習「史書」則有助於保護文明。

這就是信奉宗教和聖書的文明與強調俗世歷史的文明之間的差別。前者可以擺脫歷史的束縛，運用科學來貫徹其所堅持的普遍原則。而後者通過將「經」「史」與新的「諸子之學」緊密結合，可以適應新的科學方法和理念。在進行人文研究與社會科學密不可分的當代研究時，國界也是不存在的。

因此，亨廷頓和福山同許許多多其他的社會科學家一樣，將科學方法與正確的歷史認知（即國家的形成歷史）重新結合了起來。他們非常關注後冷戰時期的挑戰，以此告訴我們，如何通過對政局變化進行歷史性分析來推動今天的繁榮。同時也可幫助我們瞭解，當文明超越國界時，作為其中心支柱的國家是如何興盛壯大的。

世界歷史：陸地與海洋〔註1〕

趙莉譯

　　我對世界歷史的興趣源於西方對東亞、東南亞的影響。對於世界歷史的不同書寫，需採用不同的方法和假設，甚至能夠提供不同的宏大敘事。從斯賓格勒和湯因比到麥克尼爾，以及世界歷史學會中那些學誌彌堅的會員們，他們寫於 20 世紀、引發世界各地歷史學家們廣泛關注和積極回應的研究著作，都體現出人們對其政治與經濟條件的不同理解。尤其是那些特殊文明的起源，就如何書寫世界歷史提出了基礎問題。

　　我的興趣使我關注人類是怎樣適應高原、草原、沙漠、濕地、江河湖海等不同的自然環境，並生存下去，又如何形成與其地理條件相契合的政權體系。因此，這篇論文將研究古代幾大文明之間的潛在關係，以及不同背景中互相作用的幾個政體。特別是，大河國家與其文明是如何被他們的內陸對手以及敵人的威脅所塑造；海岸和海洋國家是如何轉向海上力量，進而引領了現代世界的轉型；陸地上，特別是歐亞大陸的人們，如何在文明的往來中發揮作用，雖然這樣的作用並不穩定甚至常遭毀滅，但為什麼始終是歷史發展中的主導性元素。

〔註1〕 本文基於 2015 年 5 月在新加坡南洋理工大學舉行的世界歷史亞洲學會第三屆會議上的主旨發言稿而撰。英文稿刊發於《世界歷史亞洲評論》，2015 年 7 月，第 231～248 頁。我對世界歷史的研究源自對中國、印度、阿拉伯等國和地區幾個世紀的海洋貿易以及對中國人與印度人在全球的播遷研究。到了現代時期，則聚焦由歐洲人在印度洋、太平洋區域所帶來的全球化轉型研究。這使我對人類有記載的千年歷史與過去三個世紀的經濟革命之間的裂隙看得更清楚。這樣的研究視角，最早在 Ooi Kee Beng 編著《歐亞中心與邊緣：與王賡武對話世界歷史》一書中有了概述，該書由東南亞研究學院於 2015 年出版。文章刊發在《國家航海》2018 年 5 月（第一期，輯刊，第 20 輯）第 171～185 頁。

農耕文明與游牧聯盟對財富與權力的競爭，形成了非洲─歐亞大陸及其周邊水域的歷史，這段歷史至少是 5000 年的連續史。通過其間形成的關係組合來研究世界歷史，能使我們理解那些統一或仍在分裂世界的力量。比如，近幾個世紀以來，經由海路穿越大洋，海上互動交往將遠隔重洋、身處異地的人們緊密聯繫在一起，這是以前從未有過的。但海上力量使這一切成為可能，同時產生了諸如 19 世紀英國那樣的超級大國。現在，這股力量發展轉變為一個更強的超級大國──美國。其海上力量主導了世界，即使不在其自己海岸範圍的水域內，也沒有一個國家能與之抗衡。其海上主導地位使我們忽視了歐亞大陸決定人類發展進程數千年的歷史事實，而這樣的忽視是不公平的。畢竟世界上五分之四的人口是在非洲─歐亞內陸生活、工作著。他們的潛力被全球化刺激所釋放，人們進入了新的發展階段。在這樣的語境下，我們需要重新審視前現代史，去探究 18 世紀前人類數以千年的經歷在世界未來的發展中將如何發揮關鍵作用。

三大文明

在人類有記錄的 5000 多年歷史中，三大文明從大河流域應運而生，巨大財富也在其農耕─城鎮基礎之上聚集而成。尼羅河和幼發拉底河流域的大河帝國與東地中海地區的濱海城邦互動共生出地中海文明；在印度次大陸上，印度河、恒河流域的大河國家則形成了印度文明。在黃河與長江流域，一種全新的文明向東、南方向拓展，最終形成了中華文明。上述三種文明經過進一步發展變化，各自吸收了新生族群，並滿足隨之產生的新需求。

三種文明均由此變得更豐富、強盛，但它們之間也具有一些共同點。在文明伊始，它們就經常遭遇侵襲，有時甚至是毀滅，對手是出沒於歐亞大陸中心的好戰的游牧部落。三種文明此起彼伏，不時會被其侵襲者征服。因此，它們不得不集中資源，保護自身不受外來侵犯。這個過程持續了幾十個世紀。通過不斷回擊、戰勝外部持續的威脅，三種文明自身也不斷獲得發展，變得更為強大繁榮。期間，也有過相對的和平時期，但即使在那些和平時期，商業往來將三種文明聯繫在了一起，它們仍然常被陸上戰爭的陰影所籠罩。雖然每種文明為了自保而戰鬥，但不可避免的是，它們都是在長期應對挑戰的過程中形成的。

印度文明

　　印度文明起源於印度河與恒河這兩大河系的中游。河水灌溉的沃土產生了豐厚的物質資源與發達的技術，這為大規模棲居生活提供了保障。但在西部和西北部，那些生活在高原和沙漠中的游牧民族，他們在綠洲和峽谷中的生活充滿壓力，時常面臨來自更北邊游牧族群的侵襲，因此他們頻繁地向平原地區發起攻擊。他們共同的敵人就是那些擁有極廣土地和極少水域、卻建立起大規模定居點的人們，這些人們在戰爭中獲勝，控制著洲際之間的貿易。從積極的意義上來看，這些好戰者們在促進遠距離不同文明之間人們的交往過程中發揮了歷史性作用。

　　印度河—恒河文化與達羅毗荼文化的融合，產生了獨一無二的印度文明。在其北面和東北面，喜馬拉雅山為抵擋北方好戰部落提供了天然的屏障。但是由於山谷靠近開伯爾山口，還是有敵人通過狹窄的通道不時侵犯。因此，印度河—恒河流域的政權統治者們就得面對歐亞大陸無休止的侵犯。同時，他們也注重開放，與其他文明的主導者進行交往，主要包括地中海文明的代表波斯人和希臘人。最終，好幾撥來自內陸的侵犯者，從突厥—阿富汗人到蒙古—突厥人，都對印度的貿易、軍事和治理制度產生了重要影響。

　　在數千年的交往互動中，印度文明也越過喜馬拉雅山留下了印記。一些外來入侵者在交往中受理念與價值的啟發，將印度的宗教、音樂、藝術通過歐亞大陸傳入地中海和東亞地區。這些入侵的路線同樣為貿易而開放，通過絲綢之路將地中海和歐亞大陸東端連接。除此之外，印度文明還面向大海，吸引了紅海和波斯灣的水手和商人們，越過印度洋東海岸，將其制度傳入馬來—印尼群島以及東亞海岸。

　　重要的是，無論是紅海波斯灣還是東南亞海岸，印度洋的這兩個方向都不存在嚴重的衝突或者相互的威脅。相反，該文明魅力獨特，越過孟加拉灣，其理念和器物傳播到了斯里蘭卡之外的區域，對東南亞內陸和群島產生重要影響。因此，印度洋闊大開放，加上海上威脅甚少，該區域政體始終沒有發展海上力量的需要。就像南印度地區的朱羅王朝那樣，該區域始終沒能形成建設強大海軍的能力。因此，印度文明的傳播是和平的，並為後來的文明傳播樹立了範式，比如，伊斯蘭教信仰由阿拉伯人、波斯人以及南印度洋海上貿易者以微弱的武力傳播至蘇門達臘島、馬來半島以及更遠的地方。

　　簡而言之，沿印度洋海岸發展的印度政體沒有海上的敵人，他們面向海

洋的活動大多數集中於和平的漁業和貿易。這和經常遭遇開伯爾山口入侵的北部政體形成了鮮明對比。那裡的人們必須不斷發展資源，抵擋西北陸地前沿無休止的威脅。因此，印度文明在面向海洋保持開放的同時，還時常處於對陸地的防範狀態。

中華文明

中華文明始於黃河與長江兩大流域。統治者們在連年戰爭之後建立了中央集權國家，黃河沿岸的條件將他們的理念與方法向東南方向傳播，在公元第一個千年裏，從朝鮮半島傳至東亞邊界的海岸。同時，還順利通過海路到達日本。那時隔著南海在對岸生活的人們還深受印度文明影響。實際上，佛教教義與儀式經過中亞傳入東亞內陸，同時也從孟加拉灣和東南亞經由海路到達中國沿海。

值得關注的是，中國南海的半地中海條件並沒能產生與地中海文明相似的文明模式。在這裡，由於沒有角逐水域的競爭對手，對海戰的需求微乎其微。中國歷代的統治者們佔據一方，但是無人感覺到海上敵人的挑戰。他們集中精力，在認為常有外患侵襲的地方建設強大的陸上軍事力量。因此，中國文明滿足於沿海經濟貿易，在沿岸所需之外再沒有發展其海上力量。

大約在公元 10 世紀，中國的確也擁有過相當的海上軍事力量，這股力量到宋代有了進一步發展，成為抵抗北方女真族侵犯的軍事補充。宋代滅亡後，蒙古人成為統治者。公元 13 世紀，蒙元帝國的勢力直抵東亞、東南亞，忽必烈的部隊打到了日本、越南、占城，後來還一度到了爪哇。然而，在越南和占城的艦隊戰敗了，爪哇的戰事也一無所成，開到日本的戰艦也被驅逐。到了15 世紀初期，明朝的海軍成為世界上最強大的力量。永樂大帝派遣鄭和七下西洋，到達了印度洋和東非。當整個船隊信誓旦旦嚮明朝統治者保證，四海之內帝國沒有對手時，下西洋注定成為耗資巨大卻毫無必要的事情。1435 年後推翻了關於建設近海海軍的計劃，摧毀了所有海船。關注焦點集中到陸地威脅，整個大明帝國開始致力於長城的修建，以困敵人於關外。

後來，東北的滿族人征服了明朝。清朝的帝王們率領了一支關外最強悍的部落聯盟。1684 年後，他們平定了臺灣島上的明朝政權，卻還是忽視了海上力量。他們使帝國的版圖向歐亞中心大陸拓展、逼近，甚至從原來的防禦地位日漸轉變為中北亞的進攻者。重要的是，此時正值一種全新的全球海上

力量崛起，進而控制了環繞世界陸地的三大洋。當正在印度開拓殖民的大英帝國和在北亞、中亞馳騁的沙俄、清帝國相遇時，歷史發展進入了高潮。

地中海文明

　　該文明最終創造了與陸地相平衡的海上力量。它最早起源於大河帝國蘇美爾—美索不達米亞和埃及，在與愛琴海的幾個小政權相遇之後逐漸成型。與上述其他兩種文明截然不同，這種文明是圍繞內海發展起來的。大河帝國與地中海沿岸那些擁有少量土地的人們展開競爭。希臘和黎凡特瀕海的人們，借助海上生存技能，通過貿易和海外殖民建立了比較小的政權。因此，不同於其他的兩種文明，此處的文明根本就不是陸地性質的。相反，他們從很早的時候就密切關注海上，戲劇性地被一些具有決定性意義的鬥爭所形塑，在這些鬥爭中希臘沿海的人們在海上擊敗了來自陸地的波斯人。因此，數千年來，從閃米特腓尼基人到印歐希臘人以及他們在羅馬、希臘的殖民地，對於海上力量的重要性具有廣泛的認識。

　　地中海融合了大河—陸地與海岸—海洋文明，這是其獨特之處。然而，他們也不能避免遠方陸地上敵人的威脅，特別是那些由歐亞大陸中心地部落同盟們所領導的進攻。伴隨文明發展，同時面臨森林游牧部落以及出沒於中亞沙漠、草原和邊緣地帶敵人的侵襲，侵襲激起了有力的回擊。這些鬥爭增強了地中海古老帝國的防禦與進攻能力。同時，他們鞏固了城邦，建立了包羅萬象的全新帝國，捍衛了自身傳統。兩種類型的帝國經歷促進了多元觀念和制度的交融，也促進了軍事技術的飛速發展。

　　比如，在有些沿海城邦，一些公民之神允許民眾崇尚世俗與價值理性，但地中海東部信奉一神論的部落引導民眾尋求神的幫助，以限制其統治者的權力，兩者之間出現了分歧。但是，無論是信奉一神論還是多神論，這兩個集團都得抗擊來自歐亞大陸的敵人。最終，來自北方的日耳曼人和斯拉夫人整體上接受了所遇到的地中海文明。其他的印歐人，連同北亞、中亞游牧突厥人的祖先們，朝著地中海向西拓進，對地中海文明發起了挑戰並努力重塑。

　　這連續不斷的鬥爭，在沙漠閃米特人游牧力量的意外入侵中呈現出最富戲劇性的一幕。這些閃米特人來自黎凡特盆地那一邊的沙漠，他們對地中海文明非常熟悉，並深受其影響。這是公元 7 世紀，沙漠阿拉伯人爆發出的力量，他們對猶太教、基督教等一神論進行重新解釋，由此導致了反抗，並席

捲整個地中海東南部海岸。他們穿過北非，一路向西到達了內海最遠端，來到了北部海岸的東西兩端，在歷經幾個世紀的政治統治後被驅逐出伊比利亞半島。更重要的是，到了 8 世紀，這些游牧阿拉伯人向東北方向拓進，衝進了歐亞大陸，改變了那裡的大部分人。他們的伊斯蘭教信仰改變了陸地族群生活，並成為好幾個強盛帝國的驅動力量，這些帝國統治世界幾乎長達十個世紀。也許，伊斯蘭世界影響最深遠的勝利就是宗教的勝利，它使大部分突厥人離開了信仰佛教的世界征服者——蒙古人，也離開了中華文明。這些突厥人的後代們領導了伊斯蘭世界，從而對印度次大陸文明和歐洲地中海文明造成了威脅。

歐亞中心

「歐亞中心」指的是大陸中心帶。數千年來，這裡的人們被上述三種古典文明的財富與力量所吸引。通過與農耕、城市的人們交往互動，他們將貿易夥伴帶入陸地軌道，並結識其他文明。這個地區和人的核心作用是影響了上述三種文明的進程。他們為那些流動的、富於進取的力量提供了固定棲所，使三種文明相互接觸又保持獨立。游牧經濟因為貿易和對農耕國家的掠奪征服而富足。陸地上不同方向、數以百計的部落聯盟分享了全面侵略的利益。他們增強了學習的意志和能力，包括向那些不堪一擊的大河文明學習。北邊的日耳曼部落以及向地中海方向遷移的中歐都學習地中海文明，同時提供了傳播渠道，使其價值理念傳播至北海、波羅的海沿岸區域。而斯拉夫部落則是另外一個方向，他們向著草原的邊緣推進，但也時常處於被歐亞中心侵襲的危險中。作為回擊，有一些部落也建立起自己的陸地政權。

印歐語系人同樣如此。他們朝著東方印度與中華文明的交界處遷徙，他們中的大多數是古代第一批踏入印度次大陸的歐洲人。後來，他們就成為中亞的伊朗人（包括錫西厄人和索格代亞納人），他們聯合匈奴和胡人部落一起反撲歐洲，其他的一部分則與來自蒙古草原的突厥—蒙古語系人融合。這股強悍的組合控制了歐亞中心的綠洲通道，也為促進不同文明之間的文化科技交流提供了貿易路線。那些信仰佛教、猶太教、基督教的人們最終輸給了穆斯林突厥人。這些突厥人，連同伊朗人，都對地中海文明產生了相當的影響。他們還將地中海文明帶到了中亞。與之非常相似的是，東邊的蒙古部落和他們的鄰居，比如說通古斯語的女真—滿族人在 12 至 19 世紀，也對中華文明

的載體——漢族政治文化，產生了重大影響。然而，他們中的大多數後來也
被漢化了，成為現在中華人民共和國的少數民族——滿族。

　　歐亞中心的人們似乎始終沒有形成自己的文明。相關史料表明，他們滿
足於向農耕文明學習，接受一切對他們有用的東西，包括宗教、文學、藝術
和其他生產技術。數千年來，他們向不同的方向流動。當戰鬥結束時，他們
中的大多數就返回草原的家。每當面臨兇悍游牧鄰國的威脅，或遭遇先進文
明國家的攻擊，這些游牧部落會抱成一團組成一個聯盟，進行回擊。之後，
他們中的一部分決定定居下來，成為此前他們所仰慕的文明中的一部分。

　　與其形成對比的，是那些活動在大陸邊緣的族類，包括其他的冒險者，
他們以自己的方式過著游牧生活，沿著波斯灣與南中國和爪哇海之間的印度
洋海岸進行貿易。他們同樣對在涉海人群中傳播物質和理念做出了貢獻。不
過史料表明，較之陸上騎隊控制的商路，海上交通更為困難危險。訓練馬匹
和駱駝，遠比建造能在海上安全航行的船隻要容易得多。況且，那時的海上
與陸上相比，尚無建立持續政權的能力與可行性。因此，數千年來，三種古
典文明，在對海洋和平使用的背景下而豐富，雖然他們認為除了不斷地與陸
地敵手戰鬥來保護自己外，別無其他的選擇。直到過去三百年，新的條件和
技術使建立全新的海上政權成為可能。自從 18 世紀以來，他們成功地抗擊了
所有來自陸地的長期威脅。這種全新的海上政權是怎麼形成的呢？

地中海的崛起

　　轉折點發生在 15 世紀；特別是當君士坦丁堡陷落之後，地中海北邊海岸
的歐洲王國日益依賴穆斯林統治者，但後者卻切斷了他們通往富庶印度與中
國的直接通道。自從穆斯林阿拉伯人穿過北非向伊比利亞半島拓張，到達波
斯和中亞並深入歐亞中心後，地中海被分為兩部分。北邊的這一部分是基督
教國家，發動了一次又一次的十字軍東征，企圖收復聖地耶路撒冷。東征失
敗後，商人與亞洲的貿易被切斷了。緊張對峙的局勢在一個世紀之後才得以
緩解。後來當蒙古帝國打開貿易之門，歐洲人（比如通過馬可·波羅的書）逐
漸瞭解到歐亞另一邊的神奇和富庶。由此，不僅激發了歐洲人繞過敵國探尋
航路的熱情，而且還促使了他們與非穆斯林國家的合作，共同對付控制壟斷
海上貿易的穆斯林政權。

　　13 世紀以後，技術與人文領域的變化促進了歐洲的轉型。這裡主要討

論的是由地中海地區複雜的政治所引發的海上探險。15 世紀見證了基督教統治者將穆斯林王國驅逐出伊比利亞半島的終極努力。在航海家亨利王子的指揮下，葡萄牙人到達大西洋沿岸的非洲。而西班牙國王，在戰勝了最後一個穆斯林國家後，也擁有了轉向大西洋的自由。此後出現了克里斯托瓦爾‧哥倫布的歷史性航海，一個全新的海洋世界誕生了。大西洋成為伊比利亞王國的第二個地中海，後來西歐的幾個國家也乘勢而上，尤其是荷蘭、英國。

葡萄牙、西班牙的武裝船隊為尋求香料、黃金、基督教同盟和新的皈依者而漂洋過海，他們穿越大西洋，進入印度洋，不久又越過了太平洋。他們跨越三大洋的率先之舉僅僅標誌著開始。伴隨武裝商船獲得官方的海軍支持，西方的海上探索又持續了兩個多世紀。到了 18 世紀，海上全球化將世界經濟連為一體。如此舉世矚目的過程構成了世界歷史的重要部分，突出了陸地與海洋的關係，揭示了航海成就了全球一體的事實。世界最終成為海洋的事業，基於資本和工業革命而相互依存的經濟也被鎖定在海上。海上霸主的爭奪也由此開始，至 18 世紀末一直是英國人掌控了世界海權，到了 20 世紀則是美國人佔據了這個位置。

這股力量以全新的方式來控制海洋、聯繫海洋，為 20 世紀的人類社會帶來了諸多舉世矚目的發展。其中有兩點備受關注。其一是發生在美洲大陸上的歷史。北美地區，特別是美國的革命，摒棄了舊世界宗教戰爭和民族國家的政體方式，立志在自由和平等的理念基礎上建立一個全新的國家。中美和南美的一些國家在爭取獨立的鬥爭中也接受這樣的理念，但是拉丁美洲卻選擇繼續沿襲舊世界的秩序。因此，這些國家終究沒能像美國那樣富於創新能力，而美國卓爾不凡的遠見即基於此創新能力，其影響力延續了 240 年，長盛不衰。美利堅合眾國那些充滿想像力的開國領導者們，志在開創新世界、新起點，能夠吸引來自世界各地的人們拋棄各自的歷史、心懷對這個國家的認同，投入建設新的未來，最終使得這個國家發展成為內陸和海上強國，獨佔鰲頭，統領世界。

另外一個發展是在印度洋和太平洋區域。20 世紀，伴隨二戰結束、歐洲帝國殖民化的衰落，在兩大洋之間出現了一些新興的國家。兩大洋合二為一，也就是現在的印度—太平洋。近年來，伴隨東亞、南亞經濟的崛起、世界中心的東移，人們對多島海域的東南亞區域有了全新的認識。位於印

度洋和太平洋之間，猶如一個樞紐中心，一邊是日本和中國這樣的強國，另一邊是印度和石油資源豐富的中東世界，東南亞注定要在歷史中發揮嶄新的作用。

與此特別相關的一個事實是：東南亞區域歷來是涉海人群的家園。古代的南島語族人來自東亞大陸，率先橫跨印度洋和太平洋而來。他們是涉海的族群，既沒有發展出以陸地為基礎的政權，也沒發展出擁有海軍的大帝國，通過海上力量與諸如中國、印度的陸地政權或者地中海文明作戰。相反，他們在千年的歷史中彼此互相影響，接受了吸引彼此的物質文化，以豐富自己的生活。他們向來無需忍受陸地力量的威脅，那些力量常對其鄰國中國、印度造成侵擾。

這些涉海人群所面臨的第一個真正的威脅是全副武裝的歐洲商人和冒險家們，他們從地中海攜堅船利炮而來，出現在東南亞海岸。然而，也正是因為如此，最終賦予了東南亞在全球史中的獨特位置。在這裡，歐洲帝國的結局是留下了一些新興國家，詮釋了海洋帝國的全新含義。現在，當舊世界的陸地國家與新世界的海洋國家在對世界格局重新進行劃分時，這又賦予了東南亞在印度—太平洋戰略系統中心位置的特殊作用。

大陸美國的海上力量

提及人類有記錄的 5000 年歷史，其中 90% 是與非洲—歐亞大陸聯繫在一起的，因此我們對人類穿越大西洋、發現新大陸的影響不足為奇。然而，在現代史學中，不可忽視卻又常被忽視的是過去 30 年間這片新大陸在架通印度洋與太平洋中的作用。

今天，我們的認知將新世界視為人類進化發展中不可缺少的一部分，這理所當然。實際上，來自北美的全新歷史視角也承認其歷史根植於歐洲地中海文明。因此，他們有理由利用歐洲中心論的歷史資源，對其僅作簡單修訂，便將權力的重心轉移至北美大陸。在他們看來，有記錄的 5000 年歷史是以地中海文明的發展演進為軸心，是那些為爭取內海控制權而奮鬥的傑出人士們為現代世界的形成創造了條件。此後，非—歐亞大陸被新的全球化經濟所籠罩，這樣一種全新的經濟態勢則受控於海洋的力量，比如大西洋、印度—太平洋。

如此現代的發展觀導致我們忽略了歐亞核心區域在歷史中的重要性。在

過去的一個世紀中，海上貿易與海權從根本上打破了世界歷史的平衡，這也導致了人們對海洋與陸地政權的誤讀。我們需要回顧歐亞內陸的中心作用，重溫他們對三種位於內陸邊緣的古老而正在現代化的文明的長期影響。我們需要這樣的回顧，以對世界歷史的未來形成更公允的判斷。

由於地中海文明憑藉世上最強的海上力量為其全球主導地位奠定了基礎，人們視非洲──歐亞邊緣之外的蠻荒區域為新奇之地。現在的美國海軍從幾個世紀前英國海軍的經歷中汲取了教訓，還向英國海軍的徒弟──日本海軍學習借鑒，日本海軍因一舉擊敗了中國與沙皇俄國的海軍而震驚世界。這兩股海上力量最後都到達了極限，因為他們都沒有陸地力量的背景。一個令人矚目的事實是：不同於上述海權國家，新式的美國海權在於能得到其陸地政權的支持。此外，美國沒有來自陸地的敵人，這與古代三大文明又有所不同。如此獨特的地位一直持續到 19 世紀末，成就了其今天超級大國的地位。然而，忽視非洲──歐亞 5000 年歷史的潛在力量是錯誤的。我們不能預設以美國非同尋常的發展來代替非洲──歐亞在古代歷史中的地位，因為世界大部分人口是自那時候形成的。我們也不能期望改變非洲──歐亞的人們，因為他們的遺產與其千年歷史息息相關，他們對其祖先的基業深以為榮，無論他們是來自陸地還是海上。

歐亞最遠的邊緣：印度洋──太平洋地區的東南亞

現在所謂的東南亞地區並沒有一個共同的身份。充其量，也只是有點兒半地中海的熱帶特徵，可視為印度文明與中華文明的自動延伸。在歷史記錄中，該區域在印度洋和太平洋之間發揮了一系列中轉站的作用。一邊是群島世界，即眾所周知的馬來世界，經歷著上千年漂泊不定的海上生活。隨著時間推移，逐漸受海洋文化的影響，包括來自印度洋的沿海貿易，來自馬六甲海峽與爪哇海沿岸伴隨發展而形成的地方政權的互動交流等。

另外一邊，則是由孟高棉人建立起的河邊國家。印度文明從西面越海而來，中華文明則從北邊陸地延伸而至，河邊國家深受這兩種相鄰文化的影響。在過去兩千年裏，紅河、湄公河、湄南河、伊洛瓦底以及薩爾溫江流域的河邊國家都受制於來自大陸的壓力。當相鄰高原以及中國西邊的人們向南推進，在西南建立緬甸國和現在的泰國，並也在東邊建立一些國家時，這種威脅就產生了。同樣說高棉語、深受漢文化影響的越南人也向南推進，和那裡其他

的國家一樣保持著陸地主導的思維。時至當下，也看不出其有與群島鄰國分享海上利益的跡象。當古老的占婆人，即南島語族人，從陸地而來佔領了今天越南中部和南部的沿海區域時，發現供他們貿易和控制海上所需的強大船隊還是遠遠不夠。最終，缺乏陸地力量保障成為致命傷，王國淪為越南的陸地屬國。

伴隨過去兩個世紀的全球化歷程，東南亞在印度—太平洋地區扮演一個新角色，即作為陸地與海洋之間地緣政治的支點。這樣一種全新的自覺是冷戰時期英—美海上世界的後殖民產物。伴隨意識形態鬥爭，介於中蘇陸地集團與美國領導的海上聯盟之間的這塊區域意外地成為一個中心。現在，東南亞位置的重要性日益明顯，當海上交通成為現代全球化經濟的關鍵要素時，那些缺乏便捷海上通道的陸地國家意識到這對自身極為不利。

在過去兩百多年中，這一點在中國經濟發展的矚目成就中獲得了證實，從而形成了對於海上力量的強烈需求，以保護其利益。另一個因陸地威脅長期處於抵抗狀態的國家，印度同樣也如此。因此，位於兩者之間的東南亞就具有戰略上的重要性。特別是當今海洋強國一心要保持其海上支配地位，一些陸地國家也意識到海上力量對其經濟發展至關重要時，兩者之間的競爭愈演愈烈。現在出現了一種新現象：人們對作為獨立區域的東南亞成為聯合體的可能充滿了廣泛共識和強烈興趣。特別引人關注的一點是該地區作為一個經濟聯合體的可能性：所有的成員國，不論來自陸地還是海上，都能共享理念、通力合作，能夠互相理解、滿足鄰國對手的發展需求。

顯然，世界歷史不應限於任何一種單維的敘述，有必要經常對其修訂；一方面更新資料和闡述，從而更正原來的錯誤觀點；另一方面要能回應現實世界的最新發展。在這種情況下，一種平衡的世界史觀至關重要，既不是歐洲中心論，也不是亞洲中心論或者其他什麼中心論。本文對歐亞史更為關注，因為主導當今世界的英—美海洋觀忽略了這部分。毋庸置疑，海洋的重要性不言而喻，它是全球經濟聯為一體的主要原因。但是曾經吸引過英國、日本和今天美國的海權也被用於主導全球事務，而置千年的歷史於不顧，使人感覺前現代的歷史與現在幾乎毫無關聯。這是不公平的。對任何誇大海洋作用的歷史敘述，我們要批判性地審視；就像對於長期以來給予陸地歷史過多空間的陳舊敘述，我們已經作了修正。

參考文獻

1. Abu-Lughod, Janey L. Before European hegemon:the world system A .D. 1250~1350 . New York: Oxford University Press, 1989.

2. Amitai-Preiss, Reuven (ed.). The Mongol empire and its legacy. Leiden: Brill, 1998.

3. Amitai, Reuven and Michal Biran (eds.). Nomads as agents of cultural change: the Mongols and their Eurasian predecessors. Honolulu: University of Hawaii Press, 2015.

4. Barthold,W. Turkestan down to the Mongol invasion. Translated from the original Russia and revised by the author with the assistance of H.A.R.Gibb. (3rd edition. London: Luzacf 1968). New Delhi : Munshiram Manoharlal Pub., 1992.

5. Beckwith, Christopher I. The Tibetan empire in central Asia:a history of the struggle for great power among Tibetans, Turks, Arabs, and Chinese during the early Middle Ages. Princeton, N.J.: Princeton University Press, 1993.

6. Beckwith, Christopher I. Empires of the Silk Road: a history of Central Eurasia from the Bronze Age to the present. Princeton, NJ: Princeton University Press, 2009.

7. Biran, Michal. The empire of the Qara Khitai in Eurasian history: between China and the Islamic World. Cambridge, UK: Cambridge University Press, 2005.

8. Blaut, J M. The colonizer's model of the world: geographical diffusionism and Eurocentric history. New York: Guilford Press, 1993.

9. Boxer,C.R. The Portuguese seaborne empire, 1415 ~1825. London; Hutchinson, 1969.

10. Bray,Francesca. The rice economies: technology and development in Asian societies. Oxford, UK: Blackwell, 1986.

11. Braudel,Fernand. A history of civilizations. Translated by Richard Mayne. New York: Penguin Books, 1993.

12. Braudel,Fernand. The Mediterranean in the ancient world. Text edited by

Roselyne de Ayala and Paule Braudel; translated from the French by Sian Reynolds. London: Allen Lane, 2001.

13. Cameron,Averil. The Mediterranean world in late antiquity, 395 ~ 700 AD. 2nd edition. Londo: Routledge, 2012.

14. Chanda,Nayan. Bound together: how traders, preachers, adventurers, and warriors shaped globalization. New Haven, Conn: Yale University Press, 2007.

15. Chang, K.C. The Archaeology of Ancient China. 4th Edition. New Haven, Conn: Yale University Press, 1987.

16. Chaudhuri, K.N. Asia before Europe: economy and civilisation of the Indian Ocean from the rise of Islam to 1750 . Cambridge [UK]: Cambridge University Press, 1990.

17. Coedes, Georges. Les etats hindouises cfIndochine et dIndonesie. Paris: Boccard, 1964.

18. Crossley Pamela Kyle. The Manchus. Cambridge, MA: Blackwell Publishers, 1996.

19. Crowley Roger. 1453: the holy war for Constantinople and the clash of Islam and the West. New York: Hyperion, 2005.

20. Demand, Nancy H. The Mediterranean context of early Greek history. Chichester, UK: Wiley-Blackwell, 2011.

21. Di Cosmo, Nicola. Ancient China and its enemies: the rise of nomadic power in East Asian history. Cambridge, UK: Cambridge University Press, 2002.

22. Eckstein, Arthur M. Mediterranean anarchy, interstate war, and the rise of Rome. Berkeley,Ca: University of California Press, 2006.

23. Elisseeff, Vadimir (ed.). The silk roads: highways of culture and commerce. New York: Berghahn Books, 2000.

24. Elliott, J.H. Imperial Spain» 1469 ~1716. Harmondsworth , Penguin, 1970.

25. Elliott, Mark C. The Manchu way: the eight banners and ethnic identity in late imperial China. Stanford, CA: Stanford University Press, 2001.

26. Elverskog, Johan. Buddhism and Islam on the Silk Road. Philadelphia:

University of Pennsylvania Press, 2010.

27. Elvin,Mark. The pattern of the Chinese past: a social and economic interpretation. Stanford:Stanford University Press, 1973.

28. Fairbank,John K. Introduction: Maritime and continental in China's history", in John K Fairbank (ed.) The Cambridge history of China» vol. 12. Republican China 1912~1949 . Part I. Cambridge; Cambridge University Press,1986, 1 ~ 27.

29. Ferguson, Niall. Empire: how Britain made the modern world. London: Allen Lane, 2003.

30. Fletcher, Joseph F. Studies on Chinese and Islamic Inner Asia, Edited by Beatrice Forbes Manz. Aidershot, UK:Variorum, 1995.

31. Frank, Andre Gunder. The centrality of Central Asia. Amsterdam: VU University Press, 1992.

32. Frank, Andre Gunder. ReOrient:global economy in the Asian. Age. Berkeley: University of California Press, 1998.

33. Gipouloux, Francois. The Asian Mediterranean: port cities and trading networks in China, Japan and Southeast Asia, 13th ~ 21st century. Cheltenham, UK: Edward Elgar, 2011.

34. Golden, Petr B. Central Asia in world history. New York: Oxford University Press, 2011.

35. Guillot, Claude, Denys Lombard and Roderich Ptak (eds.). From the Mediterranean to the China Sea: miscellaneous notes. Wiesbaden: Harrassowitz Verlag, 1998.

36. Habib, Irfan. Medieval India 1: researches in the history of India» 1200 ~ 1750. Delhi: Oxford University Press,1992.

37. Hall, Kenneth R. Maritime trade and state development in early Southeast Asia. Honolulu: University of Hawaii Press,1985.

38. Hodgson, Marshall G. S. Rethinking World History: Essays on Europe, Islam and World History. Cambridge UK: Cambridge University Press,1993

39. Huntington, Samuel P. The clash of civilizations and the remaking of world

order. New York: Simon & Schuster,1996.

40. Imber, Colin. The Ottoman Empire, 1300 ~ 1650: the structure of power. Basingtoke, Hants.:Palgrave, 2002

41. E. L. Jones, E.L. The European miracle: environments, economies, and geopolitics in the history of Europe and Asia. Cambridge [UK]: Cambridge University Press, 1981.

42. Keightley, David N. (ed.). The Origins of Chinese civilization. Berkeley: University of California Press, 1983,Kosambi, Damodar Dharmanand. An introduction to the study of Indian history. Revised 2nd Edition. Bombay: Popular Prakashan, 1975.

43. Lattimore, Owen. Inner Asian frontiers of China. American Geographical Society, New York, no. 21, 1951.

44. Lieberman, Victor B. Strange parallels: Southeast Asia in global context, c. 800 ~1830. Two volumes. Cambridge: Cambridge University Press, 2003~2009.

45. Lo Jung-pang. China as a Sea Power, 1127~1368: a Preliminary Survey of the Maritime Expansion and Naval Exploits of the Chinese People during the Southern Song and Yuan Periods. Edited by Bruce A. Elleman. Singapore: NUS Press and Hong Kong: Hong Kong University Press, 2012.

46. Lombard, Denys and Jean Aubin (eds.). Asian merchants and businessmen in the Indian Ocean and the China Sea. Delhi: Oxford University Press,2000.

47. Mackinder, HJ. "The Geographical Pivot of History", in Democratic Ideals and Reality:a study in the politics of reconstruction. Washington, DC: National Defense University Press, 1996, 175~194.

48. McNeill, William H. A world history. New York: Oxford University Press,1967.

49. Mahan, Alfred Thayer. The influence of sea power upon history, 1660~1783. Introduction by Louis M. Hacker. New York: Hill and Wang, 1957.

50. Majumdar, R.C., H.C. Raychaudhuri and Kalikinkar Datta. An advanced history of India,by London Macmillan,1961.

51. Miksic, John N. Singapore and the silk road of the sea, 1300~1800. Singapore:

NUS Press, 2013.

52. Millward, James A. Eurasian crossroads: a history of Xinjiang. New York: Columbia University Press, 2007.

53. Ooi Kee Beng. The Eurasian Core and its Edges: Dialogues with Wang Gungwu on the history of the world. Singapore: Institute of Southeast Asian Studies, 2015. Pamkkar, K. M. Asia and Western dominance: a survey of the Vasco da Gama epoch of Asian history, 1498~1945. London: Allen & Unwin, 1953.

54. Perdue, Peter C. China marches west: the Qing conquest of Central Eurasia. Cambridge, MA: Belknap Press of Harvard University Press, 2005.

55. Pirenne, Henri. Mohammed and Charlemagne. Edited by Jacques Pirenne. Translated by Bernard Miall. London; Allen & Unwin, 1939.

56. Pomeranz, Kenneth. The great divergence: China, Europe, and the making of the modern world economy. Princeton, N.J.: Princeton University Press, 2000.

57. Possehl, Gregory L. The Indus civilization: a contemporary perspective. Walnut Creek, CA: AltaMira Press, 2002.

58. Pryor, John H. Geography,technology,and war:studies in the maritime history of the Mediterranean,649~1571. Cambridge: Cambridge University Press,1988.

59. Pulleyblank,Edwin G. Central Asia and non-Chinese peoples of ancient China. Aidershot:Ashgate, 2002.

60. Quataert,Donald. The Ottoman Empire, 1700 ~ 1922. Cambridge: Cambridge University Press, 2000.

61. Rawski, Evlyn S. The last emperors:a social history of Qing imperial institutions. Berkeley: University of California Press, 1998.

62. Ray, Haraprasad. Trade and trade routes between India and China,c. 140 B.C.~A. D. 1500. Kolkata: Progressive Publishers, 2003.

63. Reid, Anthony. Southeast Asia in the age of commerce, 1450~1680. Two volumes. New Haven: Yale University Press, 1988~1993.

64. Richards, John F. The Mughal Empire. Cambridge;Cambridge University

Press, 1993.

65. Rossabi, Morris (ed.). China among equals: the Middle Kingdom and its neighbors 10th~14th centuries. Berkeley: University of California Press,1983.

66. Schottenhammer, Angela (ed.). The East Asian Mediterranean: maritime crossroads of culture, commerce and human migration. Wiesbaden: Harrassowitz, 2008.

67. Shaughnessy, Edward L. and Michael Loewe. The Cambridge history of ancient China. Cambridge: Cambridge University Press,1998.

68. Spengler, Oswald. The decline of the West (1926~1928). Translation by Charles Francis Atkinson. Two voluems. New York: A .A. Knopf, 1947.

69. Sutherland, Sutherland.Southeast Asian History and the Mediterranean Analogy , Journal of Southeast Asian Studies, vol. 34,no. 1,2003,1~20.

70. Thapar, Romila. Asoka and the decline of the Mauryas. 3rd Edition. New Delhi: Oxford University Press,2012.

71. Thapar, Romila. Cultural pasts: essays in early Indian history. New Delhi: Oxford University Press, 2000.

72. Thapar, Romila. Early India: from the origins to A.D. 1300. London: Allen Lane, 2002. Toynbee, Arnold. A study of history. Abridgment by D.C Somervell. Two volumes. London: Oxford University Press, 1947~1957.

73. Treadgold, Warren. A history of the Byzantine state and society. Stanford, CA: Stanford University Press, 1997.

74. Tyerman, Christopher. God's War: a new history of the Crusades. Cambridge, MA: The Belknap Press of Harvard University Press,2006.

75. Wang Gungwu. "The China Seas: Becoming an Enlarged Mediterranean", Ln Angela Schottenhammer (Ed.), The East Asian 6 Mediterranean,: Maritime Crossroads of Culture, Commerce and Human Migration. Wiesbaden: Harrassowitz. 2008,7~22.

76. Wang Gungwu. "A Two-Ocean Mediterranean" . In Geoff Wade and Li Tana (Eds). Anthony Reid and the Study of the Southeast Asian Past. Singapore ; Institute of Southeast Asian e, 2012, 69~84.

77. Wang Gungwu. Renewal:the Chinese state and the new global history. Hong Kong: The Chinese University Press, 2013.

78. Wolters,O. W. History,culture,and region in Southeast Asian perspectives. Singapore:Institute of Southeast Asian Studies, 1982.

當今世界秩序是好秩序嗎？〔註1〕

魏玲譯

　　本次論壇的主題很宏大，我將從三個方面來討論。首先是大家所熟知的世界秩序，我稱為已知世界秩序。其次，威斯特伐利亞條約之後的國際秩序。最後，我想提出這樣一個問題：當今世界秩序是好的秩序嗎？

　　首先，已知世界秩序。在有記錄的人類歷史上，人們都對秩序很感興趣，害怕無政府狀態。這是人的本能，完全可以理解。我們總是試圖通過各種方式和手段來建立某種秩序。不過秩序僅僅只是建立在已知的領域而已，這就是我所說的已知世界秩序。它可以追溯到幾千年以前，以我們對有記錄的歷史的理解為基礎。

　　回顧歷史，我們可以發現，所有民族和所有文化對於已知世界都有自己的秩序理念。歷史所記錄的不過只是其中為數很少的一部分。下面我想以兩種歷時最長的秩序為例，說明這兩種秩序理念的根本動力，以及人們試圖建立秩序的基本方式。我所想到的兩種秩序都有著不曾中斷的有記錄的歷史。第一種秩序創立於地中海地區，大體上是在地中海及其周邊領域。另外一種秩序也有著不曾中斷的有記錄的歷史，這就是建立在東亞地區的、以中國為中心的中華文明。

　　地中海秩序是地中海區域的人們所認知的世界。地中海秩序早在歷史上

〔註1〕 此文係王賡武在首屆全國外交與國際關係學院院長會議上的主題演講。2015年9月14日，作為慶祝外交學院建校60週年的一項學術活動，「國際秩序的構建：歷史、現在和未來」學術研討會暨首屆全國外交與國際關係學院院長會議在外交學院沙河校區舉行。刊發在《外交評論》2015年12月（第6期）第11～14頁。

就分為兩個部分。一部分基本上是我們所說的希臘羅馬秩序，該秩序既有領土雄心，也有信仰和理念空間，比如，雅典民主和羅馬帝國。另一部分的地中海秩序序以「一神論」為基礎，同樣也包含了領土雄心和理念空間。當然，這兩種地中海秩序是不可分割的，因為人們既需要可用於防禦的領土以保衛理念空間，也需要通過理念表達來為自己的意願和行為正名，從而保衛自己的可防禦領土。領土與理念都是地中海秩序的組成部分，該秩序延續了幾千年。

同樣，在以中華文明為特徵的東亞地區，我們也可以在中華文明的源頭找到這樣的例子。就理念空間而言，最初的理念是抽象的整體觀，被稱為「天下觀」。後來發展出一種制度和領土模式，這就是人們所說的朝貢體系。朝貢體系是否可以被稱為體系也許有爭議，但是朝貢是以領土方式界定的理念空間。這是中華和東亞文明的常見表達方式。

地中海秩序和中華秩序都是已知世界秩序，因為遙遠的地理距離，這兩種秩序沒有延伸到彼此覆蓋。二者之間的廣袤地理空間就是歐亞大陸。歐亞大陸也不是空曠的，這裡人口眾多，他們富有活力和流動性，向四面八方流動。今天我們考察歐亞大陸的歷史，會發現歷史上那裡曾經有蒙古人、突厥人、波斯人、阿拉伯人和其他一些族裔。這些族群並不是簡單地混居在一起，而是形成了流動的群體，在歐亞大陸頻繁流動。但正是這些流動的人群成為兩個相聚遙遠、彼此分離的世界秩序的接觸媒介。地中海地區和東亞地區形成了各自獨立的秩序觀，並努力將各自的秩序維護了幾千年。

今天我們在此討論國際秩序，我理解這是指威斯特伐利亞體系建立以後的國際秩序，該秩序的主要政治單位是民族國家。這是現代事物，並且以獨特的方式在西歐經歷了演變，在很大程度上是我前面提到的地中海秩序的產物，是經過一系列戰爭的洗禮而產生的。在很長的歷史時段裏，人們為理念空間而戰，為領土擴張而戰。他們的理念不同，一方主張希臘羅馬價值觀，一方信仰一神教。二者結合產生了巨大力量，主導了整個地中海地區的歷史。

不過，我們還是可以將地中海秩序一分為二。北部的我稱之為歐洲地中海秩序，南部的可以叫做閃族地中海秩序。他們經歷了幾個世紀的激戰，最終建立了強大的可防禦的邊界，將兩個地域分隔開來，保持了比較穩定的關係。不過好景不長，這兩種秩序並沒有維持多久。希臘羅馬秩序一度盛行，尤其是在羅馬和古希臘帝國時期。又一度，阿拉伯和穆斯林世界主宰了地中

海歷史。然後就是十字軍東征。戰爭曠日持久，異常慘烈，而且從未真正完結。

在歐亞大陸其他地方爆發的戰爭，戰場都在陸地上，比如中國和印度北部所捲入的戰爭基本都是陸上戰爭。地中海地區則不同，海上也爆發了戰爭，就在地中海上。在今天看來，地中海並不算海域遼闊，但是對當時的人們來說，地中海的海域還是相當可觀的，足以讓各方發展海軍力量進行對抗。正是海軍力量的發展使得地中海文明獨樹一幟，海軍力量的發展也分割了地中海文明並產生了重大歷史影響。

今天我們依然將地中海分為南北兩個部分，閃族地中海和歐洲地中海，這是現代國際秩序崛起的核心。現代國際秩序興起於理念空間之爭，即「宗教戰爭」。所有宗教都信仰同一個上帝，唯一不同的是他們對上帝的解讀和期待。為此，他們相互殘殺。歷經1400多年，他們的分歧依然難以彌合，令人吃驚的是，直到今天他們依然不能相互認同，分歧依然嚴重。

閃族地中海秩序控制了西歐（即歐洲地中海地區）與已知的亞歐大陸其他地區之間的地域，長達好幾個世紀。印度次大陸、東亞和東南亞都在其控制範圍之內。穆斯林的控制意味著地中海的一邊可以實施對東方貿易的壟斷，使得另一邊無法獲得東方的財富。這導致了威尼斯人和奧斯曼土耳其人在地中海的經年海戰。

最終，在地中海另一邊的西歐不得不自己探索出一條道路。他們完全與東方隔絕，沒有直接聯繫，只能出海遠洋來建立聯繫。眾所周知，橫渡大西洋是非常困難的，他們花了很長時間才掌握了橫渡大西洋的必要技能。但是，一旦渡過大西洋之後，這群曾經的海盜就迅速採取了行動，反應速度之快著實令人驚歎。渡過大西洋的首先是葡萄牙人和西班牙人，然後是荷蘭人和英國人。他們清除了所有障礙，在渡過大西洋後的幾十年時間裏，他們向南航行進入印度洋，然後又進入了太平洋。

從16世紀到19世紀，他們完全改變了世界的模樣。世界已經不再是他們過去所認識的存在了一千多年的世界了，而是徹底變成了一個全球化的世界，正是他們以海權創造了這個全球化世界。這樣一種海權使得人們自那時起形成了完全不同於以往的世界觀。

下面我們馬上回到當今的世界。經歷兩次毀滅性的世界大戰之後，人們認識到必須要採取相應措施阻止現代戰爭的蔓延，建立一個更好的機制來取

代早前倡議的國聯，於是戰勝國於 1945 年建立了聯合國。人們希望聯合國能夠建立並貫徹一套全球都認可的規則，讓所有國家都遵照執行，但是這一希望很快就隨著冷戰的爆發而破滅了。舊有理念及其空間秩序變成了意識形態分歧和世俗化的宗教。意識形態鬥爭爆發了，並且變成了新的可防禦領土之爭。於是，理念空間和可防禦領土關聯起來，成為四十多年冷戰的基礎。冷戰結束後，我們進入了當今的「一超」體系，即只有一個超級大國——美國。但是美國卻發現，一超體系難以維護，美國在世界事務中的絕對主導地位難以維持。

當前，隨著世界經濟重心從西方向亞洲轉移，西方文明所有的權力正在被亞洲各國人民分享。亞洲人掌握了技術，並抓住了西方進步思想的核心，包括科學、企業精神和資本主義經濟。這些思想和技術對世界都是開放的，世界也樂於接受。除此之外，還有一種感覺，這就是，大家對世界秩序感到迷惘和困惑，很難抓住其要義。一超獨大的時代一去不復返，需要新的解決方案，我相信在座的各位同事會談到可能的方案是什麼。

當前我們可以考慮的是，是否應該集中力量謀求建立一種理想的世界秩序，永久性地防止全球安全局勢惡化，或者，我們可以謀求改善當前世界秩序。當前秩序建立於 1945 年，希望未來可以建立一個更好的、持久的、穩定的世界秩序。這是我們今天面臨的選擇，對我個人而言，理念空間和領土雄心等問題都排在這個希望之後。理念分歧和領土問題的解決依然困難重重，如何在這些問題的解決過程中為世界創造新的機遇，使人們能夠從心底裏真正尊重彼此差異，這是一件非常困難的事情，歷史已經證明了這一點。寬容、接納、友善，說起來容易，做起來困難，尤其是當領土、理念和價值觀都牽涉其中的時候。一方面是領土問題，另一方面是對我們理念和價值的挑戰，對我們想要的理念空間的挑戰。這種情況極具挑戰性，要想解決難上加難。而這些因素都存在於當今世界，只有當我們能夠尊重所有的不同，不再通過侵略和暴力謀求安全的時候，上述困難才有可能被克服，難題才能得以解決。這個希望可能只是一個妄想，我也不想說我是一個樂觀主義者。但是，回顧千百年來有記錄的歷史，更好地理解我們的祖先曾經付出的努力——他們在各自相對狹小的已知世界裏經過艱苦奮鬥才成就了今天我們所繼承的龐大的全球空間，我相信，建立持久穩定的理想秩序依然是值得我們努力追求的夢想和希望。

在繼承中實現中華文化的創新 [註1]

　　幾千年中華文化傳統，是被世界公認很偉大的。中華文化在幾千年的發展歷史中，不僅是傳承，而且有創新，一代一代從未停止。我認為我們中華文化傳統最偉大之處就是能夠適應時代的具體情況而改變自身，而且能夠堅持創新，尤其值得注意的是，這創新往往是在尊敬原有文化傳統的基礎之上完成的，這一點在中國歷史上是一件很偉大的事情。所以到現在，中華文化還有那麼高的地位，其主要原因就在於這幾千年來不停地創新發展。但是，面對全球化、現代化諸問題，中華文化遭逢從來沒有遇到過的嚴重問題。遇到這些相當大的困難，也可以說是一百多年來中華文化遇到的最大挑戰。

　　20世紀中國爆發了多次革命，但革命不僅是政治上的革命，文化傳統上也受到很大的衝擊。事實上，如何處理中國文化傳統與全球化、現代化等外來衝擊的關係，是四五代中國人面對的問題，也是一個一直沒能夠完全解答的問題，到現在為止，還是一個問號。到底如何解決？基本原則上，大家都知道現代化是我們避免不了的，重要的是我們應該如何面對現代化，如何學習並應付，如何能夠把現代化的新生物好好地利用，尤其是在利用的同時還不要遺失掉中國傳統裏頭最好的、最精英的那部分。這些事一百多年來我們大部分華人不停地在考慮的問題，一直到現在，還是如此。就我個人而言，幾十年來對現代化問題基本上是瞭解得比較清楚了，經驗比較豐富了一些。現在，中國在科技方面、對外經貿等方面的發展實在是了不起的，全世界都

〔註1〕 此文為王賡武在 2017 年 5 月 20 日於江蘇發展大會「紫金文化論壇」上的視頻採訪輯錄，經作者校訂。刊發在《世界華文文學論壇》2017 年 6 月（第 2 期）第 5～7 頁。

很驚奇而且非常佩服。可是，新一代華人對自己的傳統文化到底如何去維護和保留，如何借鑒傳統文化中的精華成分進行創新，以及如何把傳統優秀文化與現代文化融合進而創造一種新的現代化、中國人的現代化，都還是一個很嚴重的問題。怎麼處理這個問題，我認為到現在還沒有一條很清楚的路線。

現在我每次到中國去，都能感受到中國的城市化、中國的經濟發展實在是可觀的，這也是在全世界都非常值得敬仰的。但是，我覺得這還不夠，還不能說已經滿足幾代中國人的願望。幾代人的願望不僅是要現代化，還希望不要遺失了原有傳統文化中的精華部分。當然，我們應該很公開地、很坦白地承認，我們傳統文化中有很多已經是過時了的，我們要分清楚哪些是過時的應該放棄的，哪些是真正值得保留的，而且要講清楚為什麼值得保留，使得下一代人能夠接受、欣賞與傳承。我現在覺得，問題是沒有講清楚傳統文化的真正價值。給年輕人整天講傳統東西卻講不清楚的話，就有了隔閡，會造成有些年輕人以為只要是傳統的就是了不起的，其實那倒不一定。如此，反而使得有些年輕人反感。傳統文化中不少是糟粕的東西，這些東西是要不得的，這是我們要承認的，而且要把它撇開。但是，傳統文化中真正重要的好東西是值得我們保留的，我們要說清楚是什麼理由要保留之，而且還要爭取說清楚這些優秀傳統跟現代化的東西怎麼能夠接軌。

如何接軌？這裡面有個橋樑問題。現代人在傳統文化的精華部分的基礎上建立一種新的現代化，這裡面的工作還是很困難的。建設一種屬於自己的現代化，而不是一種抄襲或模仿別人的現代化，不那麼簡單。重視傳統一定要能夠把這傳統說得很清楚，糟粕的東西保留也沒有用，真正好的東西是有活力的，值得我們尊敬和維護，我們要找出其活力，找到其與現代價值結合、融合的途徑，進而創造我們中國自己的現代化成就。

傳承是有選擇性的，至於怎麼選擇，到現在還是有很大的爭論。有些人講傳統，過分追求「古」的東西。其實，不要以為「古」就是好，因為舊的確實不一定好。說清楚哪些東西好，好在哪裏，不好的東西就要承認其不好，把它去掉。是取是捨，如何取捨，一百多年來爭論了很久。那些晚清的學者、士大夫們已經知道這個問題的存在，怎麼去解答這個問題，他們已經面對許多困難，甚至於他們當時所面對的問題比現在更困難，因為當時的傳統勢力很大很大，又是文化糟粕累積極多的時候。但是現在不同了，一百多年後的中國人解決問題的經驗已相當豐富。取其精華，去其糟粕，這不僅是一個哲

學的問題，更是具體地做人做事情。社會在哪些方面需要創新，政府在哪些方面需要改良，這些東西搞清楚，是為了使得傳統文化的精華部分跟外來的現代化真有價值的東西有效融合，從而創生出新的、有活力的文化來。

　　活力對於創新很重要。不否認文化的創新需要從歷史中來，但若是沒有活力的創新，下一代人是沒有辦法欣賞接受的。我們首先要能夠證明它有活力，解釋它的活力在什麼地方，使得大家至少瞭解可利用的舊東西在傳統裏頭、在價值觀裏頭為什麼跟現在沒有衝突、沒有矛盾，而是能夠結合的，從而使得現代化的創新得到最大可能的認可與接受。同時，還最好能夠確認，這些新的文化創造是建立在自己的傳統基礎上並與傳統中有價值有意義的精華部分融合的結果。這裡，尤其要提及的一點是技術上的問題。現代化的東西可能比過去的東西確實好多了，大家一定要公開地承認這些新東西是好東西，然後我們再去利用它，不要輕言放棄。至於怎麼去結合，這個問題不簡單，其實很多人有相當好的觀念。但是中國很大，人那麼多，大家的背景也不同，也就有了各種不同的想法。中國人是很聰明的，但大家都這麼聰明也就帶來一個問題，即很難得到一個共同一致的想法。總而言之，文化創新這個問題的理想化解決，可能還需經歷相當一段時間，中國已經走過一百年了，當然一百年可能還不夠。

　　江蘇是文化大省，出過很多的文化巨匠，也留下了很多的文化典籍。江蘇推出「文脈整理與研究工程」，對江蘇的文化典籍進行一次系統的整理和深入的研究，是對江蘇優秀文化資源作出的積極回應。坦白地說，我尚不能夠正面說出江蘇文化的具體特點。我原來在江蘇生活過，我的老家在蘇北，居住的時間雖然很短，但我知道長江流域下游一帶的文化創造在中國是數一數二的。這是一個文明發達地區，歷代文人學者對於中華文化的貢獻都是很特殊的，這也是大家公認的。但是如何把這些文化產品遺留下來的概念、價值觀等傳承到下一代去，是需要全面考慮的。江蘇是非常開放的地方，其人才來自全國各地，不管來自什麼地方，只要做出貢獻，應該都接受。據我所瞭解，過去我們習慣使用「江南文化」、「江浙文化」等術語，名稱上使用「江蘇文化」的時候相對少一些。而談到江蘇文化的發達，我往往也會首先想到江南和南京，或者最多談起揚州，對江蘇省這一概念倒是很淺。其實，我覺得沒有必要把地域概念分得太清楚，承認了長江下游一帶文化水平很高，江蘇文化的成就自然也是值得我們敬仰的。我認為首先要做的，就是努力繼承與

發揚江蘇文化的精華，做到了這一點，也就是繼承與發揚了中華文化，畢竟江蘇文化本身就是整個中華文明的一部分，我們要以包容和尊重的態度來面對整個中華文化幾千年的歷史。

其　他

重建中國歷史輝煌——評《論中國》和《當中國統治世界》〔註1〕

崔玉軍譯

　　亨利・基辛格（Henry Kissinger）和馬丁・雅克（Martin Jacques）的這兩部著作讓我想起了 17、18 世紀歐洲人撰寫的有關中國的著述。在這些人中，有在中國沿海活動的商人和軍官，也有在清廷供職的耶穌會士。無論是誰，都重點提到了當時清帝國的富庶和強大。有的還概述了如何處理與清廷的關係，以便使其歐洲雇主能從中獲益，其他的則對朝廷管理人民的方式大加讚歎，並試圖對那些使中國如此強大的價值觀念作出解釋。

　　但在之後的 200 年中，情形就大不一樣了。之前，歐洲人表現出來的是尊敬以及某種程度上的敬畏，但之後對這個日漸衰弱的國家越來越輕蔑。在這一時期的著作中，中國人窮困潦倒，貧富不均。帝國每況愈下，各種思想觀念競相博取注意力，令中國人極為困惑。中國人也變得收斂了，因為他們知道中國文明不如基於科學和工業資本主義的西方文明。也有一些著作對那些儘管勤勞但因領導無能而生活潦倒的中國人表達了同情。甚至中國人自己

〔註1〕此文刊發在《國外社會科學》2013 年 5 月（第三期）第 148～152 頁。本文原題為「China's Historical Place Reclaimed」，刊登在《澳大利亞國際事務季刊》（AustralianJournalofInternationalAffairs）第 4 期（總第 66 期），第 486～492 頁，所評論的兩書分別是亨利・基辛格（Henry Kissinger）的《論中國》（On China, New York: Penguin Press, 2011）和馬丁・雅克（Martin Jacques）的《當中國統治世界：中國的崛起與西方世界的終結》（When China Rules the World: The Rise of the Middle Kingdomand the End of the Western World, London: Allen Lane, 2009）。本文已經原作者王賡武教授本人過目並獲得授權。譯者信息，1966 年生，博士，中國社會科學院信息情報研究院副研究員，100732。

也開始相信他們的文明注定在劫難逃，只有暴力革命才能拯救這個國家。

最近十年這種看法又有了顯著的逆轉。冷戰期間，中國的形象被扭曲，因為那個時候中國是威脅西方的蘇聯共產主義陣營的一部分。中國本來應該在國際事務中擁有獨特的地位，然而這一事實卻從未被嚴肅地對待。到 20 世紀 60 年代時，西方開始重新評價中國的價值，如它對美國有何重要意義等。最早涉足此事者之一就是亨利・基辛格，其時他正在為 1972 年尼克松總統訪華做準備。基辛格原在哈佛大學任教，後來轉入白宮任職，之後 30 年內多次訪華，上述經歷是基辛格這部新作《論中國》最精彩的部分。過去的數十年中，許多人已經拜讀過他有關中國的著作，現在中國人正日漸意識到自己在世界中的新地位，因此我們在本書中會瞭解他對中國人的最新看法。本書提供了基辛格對中國歷史和文化的完整看法，從而也證實了在與中國打交道方面他是最稱職的西方專家。

相比之下，馬丁・雅克就缺少這種「現實主義資格證」了。雅克來自左翼，是一位理想主義者，適合談論哪些制度和理想能更好地服務普通民眾。作為一個進步論者，他目睹了冷戰的前前後後，且對遙遠的東方正在發生的種種變化非常感興趣。第二次世界大戰結束之後日本再度崛起，其提供的這種模式給人啟發良多。毛澤東時期中國頗多動盪，但 1978 年後鄧小平的經濟改革卻使中國發生了天翻地覆的變化，這讓雅克和基辛格始料未及。其他任何人更沒有預料到，30 年之後，中國已經儼然成為一個潛在的超級大國。

較之基辛格，雅克涉足中國研究稍晚一些，卻比前者更進一步，他預測中國將統治世界，加快「西方世界的終結」。他不像基辛格那樣對中國的戰略思維感興趣，也不認為自己在從事中西和平的事業。具體來說，他相信正在衰落的西方必須重新思考中國在世界中的地位。基辛格在處理中國事務方面更有可信度，且他講述的中國故事適度慎重，輔以富有個人魅力的軼事。相反，與基辛格不同，雅克很難說服西方人接受他的觀點。也正因如此，他的著作就稍微難懂一些，讀者需要對他提供的所有證據和數據格外小心。不過，雅克的這部著作的書名或許有些誇張，但其內容有理有據，並不是有意小題大做。

《論中國》和《當中國統治世界》都談到中國文化和歷史傳統背後的一些思想觀念，以及支持其文明優越性的一些實力要素。實力有盛有衰，但思想觀念卻在歷史發展中不斷得到修正、豐富，其影響力也越來越大。中國的

這些核心思想是在華北平原幾個諸侯國之間數百年的爭鬥中逐漸形成的。在公元前三世紀和二世紀帝國統一之後，統治者在國家建設中建立起儒法兩家聯合共管的治理模式，之後的王朝又引入了佛教的觀念，用以再度加強之前的那些思想，使其重獲活力。所有這些鞏固了中國的實力，於是中國越來越大，而周邊國家則越來越小。

兩位作者都參考了最近的學術研究成果（這些成果對中國歷史中那些重大而根本的主題做了重新闡述），這一點在兩書中非常明顯。他們都清楚有哪些因素使這個農業王國如此強大，以及中國的儒家屬性何以能從許多嚴峻挑戰中保持下來。中國傳統中一向重視天命觀念，這一套獨特的觀念先是在許多漫長戰爭中從最後的勝利者那裡得到確認，繼而又得到善政良治的道德命令的支持，因而成為中國歷代統治者的行政標準。儘管中國歷史上有很多佔領者試圖將其他的治理方式帶入中國，但儒家官僚卻憑藉天命觀念將之拒之門外。一次又一次的成功使這些文人精英們深信自己命當使然，竟然數百年以來不曾動搖過。

基辛格和雅克描述了現代中國領導者為重新恢復這一信念所作出的努力。當然，為了適應新的形勢，中華文明已經被添加進許多不同的因素了。但兩人的觀點有所不同。基辛格認為，既然中國人和西方人都自始至終堅持現實主義立場，那麼雙方對抗的危險是可以避免的；但雅克思考的問題則是，一旦人們有了中國將「統治世界」這種想法，傲慢和自大會帶來嚴重的後果。

最重要的是，兩書作者都看到，當中國領導人意識到蘇聯共產主義侷限性的時候，他們都認真地反思中國的過去。中國領導人把中國共產黨的勝利看做接受天命，有責任在一個新的國際框架中———無論是超級大國之間的冷戰，還是美國成為主導世界的唯一超級大國、戰略設想變化之後———維護這份傳統。一旦中國因為經濟表現卓越而修改其戰略設想，那麼維護其傳統的責任就必須重新定義。

中國人對合法性的理解是為政者的能力，而不是神權。形勢總在變化，所以統治者只有順應時勢才能保住權力，而且只有成功才能確保繼續執政的權力。只要一種允許失敗政黨被替代且仍有機會重新上臺的機制還沒有建立起來，那麼保住權位且爭取成功的責任就變得無比重要。執政者是不能掉以輕心的，必須拿出新的治國大略方能使自己不被趕下臺去。這不僅僅要求執政者要保持警惕，應對未來的變化，而且還要求他們從歷史中汲取教訓。

正如目前在中國大陸的那些爭論所顯示的，中國領導人都十分清楚世界已經發生了很大變化，也知道歷史上的輝煌不能直接幫助中國恢復往日大國的地位。當今世界各國有著非常密切的聯繫，不允許任何一個國家自由地選擇自己的發展方式。通訊技術要求各國、各組織和每一個人必須對發生的大多數事情迅速作出反應。歷史上大國與小國之間的那種關係也已經今非昔比，各國之間密切的經濟關係使任何人都不能不關注哪個國家成功，哪個國家失敗。任何一個國家的行動，諸如在沿海地區部署軍隊，建造大型戰艦等，都會迅速引起反制反應。訴諸主權的觀念無助於保證國家的安全。像中國這樣的新興大國都會引起質疑，不管它們如何表白自己的和平意圖。但是弱國總能找到藉口為自己的反抗辯白——就如中國曾經做過的那樣——但是當它不再被看做弱國時，任何舉動都會被認為是強硬武斷，被認為企圖改變現有的國際秩序。同為愛國呼聲，在過去中國是受害者的時候能得到同情，但現在則被解釋為危險的民族主義喧囂。

如此一來，19 世紀以來中國所持續遭受的痛苦已經被大國崛起的騷動所取代。然而這一崛起卻是突如其來的，且其他國家會擔心這將引發中國萌生晉身超級大國的野心。當然，中國人不需要因此擔心，因為有像基辛格這樣的人相信中國人是理性主義者，能處理好與西方的關係。中國領導人或許會樂於見到雅克所說的一個由中國統治的世界。無論是何種情況，他們都會認真研究兩書中的歷史記載，參透其作者何以會得出這樣的結論。

中國的安全專家會注意到，基辛格對自己挖掘出了儒家正義思想背後的真相頗為得意。這會提醒這些專家，儘管儒家官僚經常參與權力方面的爭論，但他們從來沒有掌握過行動的控制權。所謂儒家的勝利，不過就是在事後有編撰和修改的權力，其時儒家史家才得以將其主張寫入歷史敘述中，所以總想不惜一切代價保證這一權力，以便限制統治者在關鍵時候的所作所為。如果一個道德高尚的人能符合這一政策，那就是獎勵；否則的話，現實主義通常會大行其道。比如說，清朝前 200 多年內西方人印象深刻的是儒家高調的爭論與清廷的帝國野心的混合物。即便現在仍有證據提醒我們這種平衡沒有消失：執政者所說的和平意圖的聲明有可能被「做好軍事鬥爭準備」的強硬呼聲所掩蓋。基辛格在談到中美關係的時候也說了，不能只看到「做好軍事鬥爭準備」的強硬呼聲，而對「和平崛起的聲明」視而不見，他提議中美雙方的反應都應有所節制，這樣兩國才不會出現不必要的輕舉妄動。中國讀者會

對基辛格的這一提議感到欣慰。

尚不清楚中國人對馬丁・雅克的這部著作有怎樣的看法。一方面，他們或許會認為這是一部建立在分析基礎上的嚴肅的新聞報導，因此不必太過在意；另一方面，中國人或許會不喜歡雅克的那些結論，因為它們可能會引起毫無根據的驚慌。雅克或許特別想知道中國人對《當中國統治世界》末尾所提出的「界定中國的八個特性」有何看法。雅克所列的這八個特性，目的是希望以此來概括中國「統治世界」的可能性，而對本文來說，則有助於我們思考中國人會怎樣理解這些特性。

第一，雅克認為中國的經濟能力有著深厚的根基，西方人不可低估中國的實力。中國有著巨大的創業潛能，但向來受到儒家意識形態的限制。這一點，多數中國歷史學家都會同意。如今這一障礙已經被去除，且其結果令人稱奇。不過許多中國人也覺得目前的資本主義形式應該受到限制，以避免對社會和環境造成重大損害。用國家資本家來代替私人企業家並不能恢複道德約束，而這正是大多數中國人認為中國所需要的。

第二，中國將在東亞甚至東亞之外重建類似朝貢制度的那種東西。如果雅克所指的是明清時期那種朝貢制度的現代版本，那麼大多數中國人會以太不靠譜而予以拒絕。但是另一方面，如果雅克看到以主權國家為主體的國際秩序正在發生變化的話，那麼其替代選項既不會以法律為基礎，也不會通常預先設定好。國家與國家之間的確存在等級關係，但國家的地位是隨著環境的變化而變化的。儘管有可能回到早先處理強強對抗關係的那種實用主義，但還不清楚中國人有這麼大的野心。中國人不但已經學會了遵守 1945 年之後建立起來的國際體系，而且認為，除了應該對少數稍作修改以反映新現實之外，它們大多數都能很好地服務中國的利益。

第三，中國人還會繼續認為自己是優等民族，因為這在「中國人的心理中根深蒂固」。種族優越感不僅在過去有，現在也沒消失，但這種感覺多大程度上是民族的，多大程度上是文化的，尚有待討論。我們也可以說許多中國人都有種自卑情結，中國學者是否有信心處理社會和個人心理中這種巨大的自卑情結也頗值得懷疑。他們很可能更傾向於覺得雅克的這種觀點「照顧不周」。

第四，疆域廣闊的中國不會像其他普通國家那樣照章辦事。這是很明顯的，而且多數中國人都會這樣想。指望任何幅員廣闊的國家（如美國、俄羅

斯、印度或巴西）假裝其與「普通」國家沒有差別是不現實的。民族國家是近 200 年來在痛苦和殊死鬥爭中分分合合的產物。從狹義的民族國家的概念來看，很難說「普通國家」的優點大於其劣勢。在世界上很多地方，那些努力建設新的民族國家的「前民族國家」曾經歷過很多痛苦。既然中國不反對那些聲稱為維護主權不惜損害他國利益的國家，那麼中國也不會接受那些可能會危及其目前邊界的主張，這就是為什麼中國要堅持維護其目前領土完整的原因。因為中國人十分清楚，正是因為規模巨大才能使大國在必要的時候採取不一樣的行動。

第五，中國在本質上與眾不同。這讓我們想到了美國人所說的例外論。任何國家都有特殊之處，在這一點上中國和美國並無二致。另一方面，雅克認為中國作為一種文明（這種說法在多年前由白魯恂提出，在中國也越來越流行）不但與眾不同，而且還提供了不同種類國家結構的基礎。現代中國引入科學技術和有效的經濟制度，從而使其越來越富裕和強大。這種做法使國家權力超過社會力量，也使得中國面對一個之前從未見過的外部世界。因此，中國人會認為引入新思想和制度就是為了增強國力，使其能夠免受數世紀以來遭受的那種外部入侵和佔領。為了提高中國文明的價值，中國人樂於向外部世界學習，這就是中國強大起來的原因所在。

第六，中國的現代性與西方不一樣。這種特性來自前面所說的「與眾不同」。中國人樂於承認他們正在為自己尋找另外一種現代性，但這並不一定是因為他們不喜歡西方代表的那種現代性，而是因為他們的生活環境仍具意義，而且認為非此不能建設中國的未來。許多人還會再加以補充，因此整整有三代中國人一直生活在痛苦的轉型時期。正是這些人的經歷使他們重新獲得自信，相信有能力決定自己未來的現代性。

第七，中國共產黨正在重建儒家傳統。不是所有的中國人都認可這一點。當然，中國共產黨做了很多努力，力圖恢復孔子受尊敬的地位，將之變為市民教育的一部分。但我們懷疑中國人是否認為官方儒學正是中國之所需，也沒有證據表明年青一代中國人很願意去理解孔子。

第八，一段時間之內，中國將既是發達國家，又是發展中國家。中國人對此將會完全贊同。任何一個人，只要他從像上海、天津和廣州這樣的沿海城市出發，向內陸再走 100 公里，就會發現兩地之間有天壤之別。讓一部分人先富起來這樣的方針可能聽上去不公平，但是這個原則成功地讓中國揚名

世界，激發全國各地競相仿傚。這個過程需要時間，而且中國必須集中精力完成這一長期的任務。因為中國明白，如要安全地發展，這種問題肯定會出現，所以它會盡力避免來自海外的干涉。中國人知道，像美國這樣的超級大國在其周邊有著諸多聯盟，會竭盡全力阻止中國完成其任務。因此，許多中國人認為，那些指責中國傲慢和不合作的聲音是遏制中國、阻止其達到目的宏大計劃的一部分。

基辛格的《論中國》和雅克的《當中國統治世界：中國的崛起與西方的終結》是中國人應該嚴肅對待的兩部著作。中國人可能會不喜歡雅克的預言，因為覺得不成熟，容易引起非議，但也應該看到兩書是可以相互補充的。中國人會感激基辛格，因為他恭維中國和中華文明，密切關注中國的戰略思維和中國政治結構的性質。尤其是，基辛格認為現實主義者之間不必擔心對方，他的這一看法會得到很多人的認可。當然，也有人會質疑當今中國有多少現實主義可言，懷疑現實主義能否免於意識形態的羈絆。如果中國能夠依靠儒家思想來限制那些好戰分子的侵略天性，那麼中國人或許會認同雅克的看法，即中國共產黨訴諸儒家的目的就是為了恢復克制，理性處理對外事務。

《論中國》和《當中國統治世界》是兩部優秀的著作。基辛格認為中國會隨著富裕和強大而發生變化，認為西方應該關注的是現在和將來的中國，而不是有些人所想像的這樣或那樣的中國。雅克認為中國還會繼續與眾不同，其中部分原因是為了滿足自身的需求，中國要選擇性地向西方學習。那些讀過這兩部著作的中國讀者對後啟蒙、後殖民甚至後理想主義世界的期望會變得更現實一些。

《海外華人》序〔註1〕

胡修雷譯

　　中國人在數世紀前就已經到達世界的每個角落，這種說法也許有些言過其實。其實，也有很多人認為一種有限的全球化發生在 11 到 14 世紀土耳其人和韃靼人在中亞的擴張，這種擴張的高潮是蒙古族人的侵略。他們認為，中國人也受到這種歷史進程的深刻影響。但是，歐亞大陸的緊密銜接並沒有帶動中國人沿著這些陸路大規模地向外遷徙；草原地帶和游離的生活方式並不能夠真正地吸引他們。相反，大量的中國北方居民向南遷移，長江南岸生活更為平靜的省份的人口迅速膨脹。這種情況導致沿海居民生活壓力驟增，他們被迫投奔大海，到東亞和東南亞地區從事貿易、勞務以及開展一些遠洋探索。

　　中國人與海外的這些接觸和聯繫至少已經存在上千年的歷史了，但是參與的人數一直很少。起初的動力主要來自東南亞、印度、波斯以及阿拉伯世界的商人。直到宋代（960～1279）時，漢人和南方省份的已漢化的粵人才開始在沿海貿易中變得活躍起來。這種情況得到了元代蒙古王朝以及 1368 年建立的明王朝的鼓勵，此後，為數眾多的中國人參與了海外貿易。當時的條件有利於吸引更多的中國人加入其中，儘管我們已經掌握的有關這一時期的資

〔註 1〕 本文是王賡武教授為劉宏主編的四卷本《海外華人》（The Chinese Overseas）所作的序言。該書將於 2006 年 1 月由倫敦和紐約的 Routledge 出版社出版，為 Routledge Library of Modern China 叢書之一種。《海外華人》的第一卷為《中國國際移民的理論架構與歷史視角》，第二卷為《文化、機構、網絡》，第三卷為《全球各地的華人社群》，第四卷為《互動的機制與紐帶》。譯者胡修雷，北京大學歷史學碩士，中國華僑華人歷史研究所研究人員。

料表明：他們當中很少有人願意冒險到東南亞濱海港口之外的地區進行活動。同樣的，中國人通過海洋與朝鮮和日本開展貿易活動，但在這些地方的中國人從來沒有多到足以形成華人社區的程度。14 世紀以前明朝的統治者們重申了中國的前途和命運應該以大陸為導向。當時的政治和大眾文化都不鼓勵海外貿易。此後，只剩下沿海商人和地方官員支持商業活動。儘管官方禁止沿海地區的私人貿易，但是貿易量仍在不斷增加。這時我們開始能夠掌握一些經常性的資料，它們表明中國人在從事貿易的地區定居下來了。在 1405 到 1433 年鄭和下西洋前後，剩下的幾乎全部是富於冒險精神的商人在自發性地從事貿易活動。但這時在海外建立大規模華人社區的條件並未出現。大部分的貿易活動仍然操縱在馬來群島各類沿海居民以及來自印度次大陸和波斯—阿拉伯世界的商人手中。

　　這是歐洲人最早到達中國沿海之前的情況。在 1511 年葡萄牙人佔領馬六甲之後不久，為了爭取更多的商業利益，一批數量不多的中國船隊和貿易團體被迫做出決定：要麼同西方的貿易勢力相結合，要麼同當地政府進行合作。中國商人面臨的這種挑戰是他們在沒有明朝官方支持的背景下必須做出的選擇。這種同後方基地相脫離的尷尬處境意味著華商在全球化進程中得不到母國政府的支持和理解，中國也難以對當時世界上正在出現的海洋勢力框架形成一種積極而強有力的回應，這種情況一直持續到 20 世紀末期。

　　以上導言性的論述可用來闡釋與當代海外華人相關的兩個問題。第一，80％的海外華人生活在東南亞地區，這種情況並不奇怪。一個區域廣闊的亞洲內陸貿易的十字路口早已存在，這種條件有利於華人遷入這一地區。當全球化力量還很微弱和有限的時候，如果東南亞並不是大部分中國海洋商人選擇的目的地，這反而是令人費解的。第二，從過去的幾個世紀到現在，如果中國人持續地南移，並以小規模的方式定居於此，他們當中的大部分人有可能不斷融入到當地居民當中。中國內部的官方政策對離開定居地的人做出了種種限制。只要這些政策存在，融合與同化將是不可避免的。到了 18 世紀，歐洲人的力量開始突破這種嚴格的限制，經歷過 19 世紀中葉的兩次鴉片戰爭後，他們最終推翻了這種政策，尤其是工業革命和非洲奴隸制度的終結帶動了世界經濟的轉型，給勞工和製造業市場帶來了革命性的衝擊。緊接著，西方人發現除了在海外市場上的商業領域之外，徵召大量的華人務工在很多行業都是有利可圖的事。這是歷史上中國人第一次大規模地出國。儘管如此，

經過大約一個世紀的發展,這些人當中的大多數都回家了,這與今天的出國勞工有些相同。但是由於環境的因素,選擇定居在歐洲殖民地(不管是在亞洲還是美洲),華人都更容易形成自己的社會。

總之,海外華人的歷史從本質上說是源自歐洲的後啟蒙運動的一部分,這次運動在接下來的兩個世紀中波及到了全亞洲。最近的研究表明,在現代化進程向各個大洲延伸的過程中始終伴隨著西方人商業貿易和發展的擴張。劉宏精心挑選的這幾卷論著代表了過去一個世紀期間學術界為證明和闡釋這種現象所做出的種種努力。劉宏在著作的緒論部分勾畫了該領域的學術史和研究趨勢,這有助於我們從更廣的範圍內瞭解海外華人發展的脈絡。他不僅收入了概括華人社會形成經歷的歷史性論文,也集中了有關移民進程研究的關鍵性成果,尤其是反映捲入市場化條件下的新移民模式,這種模式受到不同的推力和拉力因素以及交通和通訊領域中現代科技的影響。所有這些條件對華人移民產生的衝擊使他們能夠在激烈競爭的經濟環境中組織起來,進而加速他們在海外定居國社會和政治領域的參與進程,這些衝擊也提示了在未來的研究中所應當關注的重心轉向。

大約 20 年前,我從一些學者尤其是社會學家和人口統計學家的研究方法中得到啟發,他們能夠記錄下來從香港前往加拿大和澳大利亞的新移民的準確情況。這些可以獲得的信息之數量是龐大的,為探索華人移民社會的形成和演變提供了廣闊的機會。它不僅能幫助我們區分和比較過去對早期不同移民社會的描述,還有助於觀察和分析新移民在加入新社會的過程中與外部環境的相互影響。我們還缺乏類似的詳盡研究。然而,研究興趣的範圍在不斷增長,以至於許多研究當代社會變化的民族志也有助於預示未來華人社會的發展。在日益加速的全球化進程中存在著大量的挑戰。但是有關調適、整合和同化問題的根本性課題將不會消失,一方面,他們面臨的最直接問題是來自中國的拉力即中國經濟力量的增長;另一方面,強有力的市場力量會弱化傳統國家理念中的疆界,這種疆界通常是阻礙勞工和技術的正常流動的。

這套叢書為移民和社區形成這個已成為人類普遍關注的現象提供了一個頗有價值的背景。海外華人的移民經驗並非獨一無二的,但是當我們將之與數量更大的歐裔移民前往美洲和澳大利亞的經歷比較地解讀的話,華人的經驗也同樣深具啟迪。然而,直到最近仍然有一片具有海外華人鮮明特徵的研究區域,那就是東南亞。理由有如下三點:歐洲人對貿易和勞工市場的殖民

控制、土著政權統治的弱化以及儘管毗鄰但卻被忽略的中國之客觀存在。過去 20 年間，這三種情形在不斷發生變化或者大規模地被修正。現在需要關注的是這些變化將在華人社會和中國與該地區未來的關係中產生新的整合抑或是分解的條件；那些已經被吸納進當地國籍而又具有華人血統的人將在影響未來的發展格局中扮演新的角色。

在此我想特別強調本文集中涉及以下兩項重要論題的論文：其一，哪些是東南亞地區華人社會的特殊現象，哪些不是；其二，海外華人社會具有的共同的演變趨勢以及與其他移民社會相同的發展模式。聯繫起來看，這些論文將有助於我們理解這個時代最具活力的現象之一，即全球範圍內人口的大規模遷徙。我祝賀劉宏和本套文集的出版者，他們的努力使更多的讀者得以分享有關的研究。

給泉州海交館的賀信〔註1〕

泉州海交館：

我衷心祝賀貴館成立三十週年。

由於我致力於華僑史，對這幾年來，貴館在歷史文物保護和海交史研究這兩方面所取得的成就，我感到十分欣慰。

藉此帶去我最美好的祝願。

王賡武校長

1989 年 5 月 15 日

To The Museum of Overseas Communication History Quanzhou

Fujian

China

I write to convey my congratulations to the Museum on the occasion of the 30th anniversary of its establishment.

As someone who is interested in the history of Overseas Chinese, I am very pleased with the achievements of your Museum tlirough these years both in ;preserving valuable historical items and in conducting activities to promote interest ' in Overseas Communication History. With the message also carries my best wishes for the future of tn© :Museum.

Wang Gungwu

Vice-Chancellor

〔註 1〕此賀信刊發在《海交史研究》1989 年 12 月（第二期）第 2 頁。

給《華僑華人文獻學刊》的創刊賀辭[註1]

王賡武

　　華枝春滿，天心月圓。欣聞世界海外華人研究與文獻收藏機構聯合會（World Confederation of Institutes and Libraries for Chinese Overseas Studies，WCILCOS）會刊《華僑華人文獻學刊》應運創刊，我由衷覺得喜悅，謹撰此以賀。

　　猶憶 1992 年 11 月，在美國舉辦的「落地生根：全球華人問題國際研討會」的主題演講中，我曾指出：「我們不可能寄希望於海外華人研究輕而易舉地成為一個重要的學術領域。……不過，在海外華人經濟上獲得成功和中國近年來改革其經濟結構的道路上，還會有重大的變化。」同時認為，在海外華人研究領域，我們「還有大量的事情要做」。

　　二十多年來，在世界海外華人研究學會（International Society for the Studies of Chinese Overseas，ISSCO）和世界海外華人研究與文獻收藏機構聯合會的組織之下，和各國師友的共同努力之下，海外華人研究領域逐步拓展其研究的深廣程度，與此同時，學界同人也逐漸認識到海外華人研究領域進一步發展的若干問題，譬如在學科基礎建設方面，我們需要以學術刊物等方式，逐步建立學科培育與增長的堅實基礎。

　　所以，在中華文明的「中央性」（centrality）逐漸回歸的今天，當我得知《華僑華人文獻學刊》即將創刊的消息，我即以電子郵件方式向《華僑華人文獻學刊》主編張禹東教授、莊國土教授恭喜。因為我認為，《華僑華人文獻

〔註 1〕此賀辭刊發在《華僑華人文獻學刊》2015 年 9 月（第一期，輯刊）第 1～2 頁。

學刊》一方面能鼓勵世界各地的海外華人研究與文獻收藏機構及相關研究者、工作者收集和保存海外華人社會與僑鄉社會史料；另一方面又可以為不同學科背景、不同價值觀立足點的學者們，在多元的學術視野下，通過對於一手資料的相對系統全面的考察與分析，進一步深入探討海外華人社會的歷史與現狀的研究工作，提供學術積累。同時我也相信，在主編的帶領下，由來自世界各地的海外華人研究與文獻收藏機構的研究者、工作者組成的《華僑華人文獻學刊》編委會，可望擔荷海外華人研究國際學界的熱切期望，在海外華人研究學術增長的路上，共襄盛舉嘉惠學林。

Congratulation to the First Issue

Wang Gungwu

（National University of Singapore）

附　錄

中國語境對王賡武著述的選譯與傳播

莊園

　　本文以中國知網收錄的王賡武的 40 篇中文文章〔註1〕為考察對象，關照中國語境下對王賡武（1970～2020）著述的選譯和傳播情況。

學術論文和演講報告 36 篇

　　這些文章中，刊發在上世紀 80 年代期刊的有 9 篇——關鍵詞是東南亞、華僑華人、歷史；90 年代有 6 篇——主題詞是海外華人、華商、散居；2000～2009 年有 11 篇——關鍵詞是華人、移民、國際關係；2010～2018 年有 9 篇——以國際關係和中國文化的論述為主。文章體裁是學術論文和演講報告。其中以涉及國際關係和華人研究這兩類文章較多，前者有 13 篇，後者有 11 篇。特別是近十年來，王賡武在國際關係問題上的思考和論述備受重視。

　　刊發王賡武文章的刊物主要有以下四類，一是以東南亞研究與華僑華人研究為主，有《南洋資料譯叢》、《南洋問題研究》、《華僑華人歷史研究》、《海交史研究》、《東南亞研究》；二是以歷史研究為主，有《南開史學》、《暨南史學》；三是政經類期刊，有《當代亞太》、《廣東經濟》、《招商週刊》；四是大學學報，有《暨南學報》、《西安交通大學學報》、《北京大學學報》、《外交評論》、《淮陰師範學院學報》；此外，還有《讀書》、《思想戰線》、《社會科學論壇》、《國家航海》、《世界華文文學論壇》、《北京論壇》等。其中，《南開史學》、《暨南史學》、《南洋資料譯叢》及《北京論壇》屬於輯刊類刊物。

〔註1〕筆者 2021 年 6 月通過中國知網搜索。

　　文章按時間先後順序〔註2〕排列如下：

1. **中國和東南亞（1402～1424）　王賡武撰　遲越譯**

　　此文 1970 年發表於劍橋大學出版社的《中國和東南亞社會史研究論集》。刊發在《南開史學》1982 年 6 月（第一期，輯刊）第 268～301 頁。

2. **東南亞的華人少數民族王賡武撰　蔡仁龍譯　康濤校**

　　此文於 1974 年 5 月 8 日～10 日在菲律賓馬尼拉由東南亞高等教育協會贊助舉行的「東南亞少數民族和多數民族關係現狀」會議上宣讀。刊發在《南洋資料譯叢》1981 年 4 月（第一期，輯刊）第 69～80 頁。

3. **《東南亞歷史研究》導論　王賡武撰　張瑾初譯　姚楠校**

　　此文原載安東尼·里德和戴維·馬爾編《對東南亞往昔的認識》，澳大利亞亞洲研究學會叢書海涅曼公司，新加坡，1979 年。刊發在《南洋資料譯叢》1989 年 7 月（第二期，輯刊）第 53～58 頁。

4. **中國歷史著作中的東南亞華僑　王賡武撰　蔡壽康、陳大冰譯　韓振華校**

　　此文原載《東南亞研究雜誌》新加坡大學出版社，1981 年 3 月。刊發在《南洋資料譯叢》1982 年 7 月（第二期，輯刊）第 1～14 頁。

5. **關於華僑史的一些問題　王賡武講　溫廣益整理**

　　此文根據王賡武 1980 年 9 月 19 日訪問廈門大學南洋研究所時所作的學術報告的錄音整理。刊發在《南洋問題研究》1981 年 3 月（第一期）第 92～104 頁。

6. **十九世紀以來新馬的華人教育政策　王賡武講　郭梁整理**

　　此文根據王賡武 1983 年 7 月 20～30 日訪問廈門大學南洋研究所時所作的學術演講整理。刊發在《南洋問題研究》1983 年 9 月（第三期）第 59～73 頁。

7. **東南亞華人認同問題的研究　王賡武撰　林金枝譯　吳葉校**

　　此文是王賡武向堪培拉澳大利亞國立大學 1985 年 6 月間舉辦的以「第二次世界大戰後東南亞華人認同變化」為題的國際性學術討論會所提交的論文。刊發在《南洋資料譯叢》1986 年 12 月（第四期，輯刊）第 92～108 頁。

〔註2〕時間的先後基於兩方面的考量，一是作者寫作發表的時間、一是期刊刊發文章的時間。

8. 澳洲的歷史與現狀　王賡武撰

此文為王賡武 1987 年參加暨南大學八十週年校慶的演講報告。刊發在《暨南學報（哲學社會科學）》1987 年 10 月（第三期）第 1～8 頁。

9. 馬來西亞和本地區歷史上的移居模式　王賡武撰　林金枝譯　謐谷校

此文譯自《皇家亞洲學會馬來西亞分會雜誌》第 58 卷第 1 期，1985 年。刊發在《南洋資料譯叢》1988 年 9 月（第三期）第 80～92 頁。

10. 沒有帝國的商人：僑居海外的閩南人　王賡武撰　李原、錢江譯

此文譯自王賡武著作《中國與海外華人》，泰晤士學術出版社，新加坡 1991 年。刊發在《海交史研究》1993 年 6 月（第一期）第 111～125 頁。

11. 海外華人研究的地位　王賡武撰　譚天星譯　梁英明校

此文係 1992 年 11 月王賡武在美國「落地生根：全球華人問題國際研討會」上所作的主題演講。刊發在《華僑華人歷史研究》1993 年 7 月（第二期）第 1～8 頁。

12. 華商來中國投資的心態和前景分析　王賡武講　李偉昂整理

此文根據王賡武 1994 年 4 月 19 日在廣東省僑辦、省府研究中心舉辦的「華商來中國投資心態與前景分析」報告上的發言報告整理。刊發在《廣東經濟》1994 年 4 月（第四期）第 30～31 頁。

13. 移民地位的提升：既不是華僑，也不是華人　王賡武撰　吳黎譯　梁英明校

此文係王賡武 1994 年 12 月在香港大學舉辦的「五十年（1945～1994）海外華人比較研究國際學術研討會」上的主題發言。刊發在《華僑華人歷史研究》1994 年 9 月（第三期）第 1～8 頁。

14. 從歷史中尋求未來的海外華人　王賡武撰　錢江譯

此文係王賡武 1998 年 11 月在馬尼拉「海外華人國際研究學會」年會上所作的主題演講。刊發在《華僑華人歷史研究》1999 年 12 月（第四期）第 1～11 頁。

15. 單一的華人散居者　王賡武撰　趙紅英譯　劉宏、陳文壽校

此文是王賡武 1999 年 2 月在澳大利亞國立大學中國南方散居研究中心成立儀式上的演講。刊發在《華僑華人歷史研究》1999 年 9 月（第三期）第

1～14 頁。

16. 中國革命與海外華人　王賡武撰　張銘譯

此文係王賡武 2000 年 3 月 28 日在斯坦福大學的演講，是該校組織的慶祝中華人民共和國成立 50 週年系列演講的一部分。刊發在《華僑華人歷史研究》2001 年 6 月（第二期）第 40～47 頁。

17. 社會紐帶與自由：移民社會的選擇問題　王賡武撰　王望波譯

此文係王賡武參加 2000 年 8 月新加坡《移民社會與現代教育》國際學術研討會所作的主題演講。刊發在《南洋問題研究》2001 年 3 月（第一期）第 1～10 頁。

18. 新移民：何以新？為何新？　王賡武撰　程希譯

此文係王賡武 2001 年 4 月底在臺北舉行的「第四屆海外華人國際學術研討會」上的主題發言稿，譯文經王賡武審閱。刊發在《華僑華人歷史研究》2001 年 12 月（第四期）第 1～8 頁。

19. 華人政治文化和關於馬來世界的華人學術著作　王賡武撰　薛學了譯　廖大珂校

此文可能是刊物直接向王賡武約稿，注明收稿日期為 2003 年 4 月。刊發在《南洋問題研究》2004 年 3 月（第一期）第 1～6 頁。

20. 新加坡和中國關於東南亞研究的兩種不同觀點　王賡武撰　薛學了譯　廖大珂校

此文可能是刊物直接向王賡武約稿，注明收稿日期為 2003 年 4 月。刊發在《南洋問題研究》2004 年 6 月（第二期）第 1～15 頁。

21. 中國的第四次崛起　王賡武

此文出處不詳。刊發在《招商週刊》2004 年 3 月（第十一期）第 62～63 頁。

22. 無以解脫的困境？　王賡武

此文出處不詳。刊發在《讀書》2004 年 10 月（第十期）第 110～120 頁。

23. 轉型時期的海洋中國　王賡武撰　趙殿紅譯

此文出處不詳。刊發在《暨南史學》2004 年 12 月（年刊，輯刊）第 403～411 頁。

24. 留學與移民：從學習到遷徙　王賡武撰　程希譯　劉宏校

此文係王賡武在世界海外華人研究會第五次國際研討會上（2004 年 5 月

10～14 日在丹麥艾爾辛諾的 LO 學院舉辦）所作的主題發言。刊發在《華僑華人歷史研究》2004 年 12 月（第四期）第 55～60 頁。

25. 中國文化本身就是多樣的　王賡武

此文乃王賡武在 2004 年「世界中國學論壇」上海國際會議中心的發言摘要。刊發在《淮陰師範學院學報》2005 年 1 月（第一期）第 14 頁，文章總題目為《世界走向中國：從漢學到中國學——2004 上海「世界中國學論壇」發言選登》。

26. 中國文化海外觀　王賡武講　蘇金遠、高亞妮、唐懿翻譯整理

此文係王賡武 2006 年 9 月 27 日在西安交通大學演講的學術報告。譯文經王賡武審閱。刊發在《西安交通大學學報（社會科學版）》2007 年 1 月（第一期）第 1～5 頁。

27. 中國和國際秩序——來自歷史視角的觀察　王賡武撰　劉小雪譯

此文出處不詳。刊發在《當代亞太》2009 年 8 月（第四期）第 18～29 頁。

28. 東南亞的政黨和國家　王賡武撰　吳宏娟譯　吳金平校

此文原載 Millennial Asia:An International Journal of Asian Studies, India: Association of Asia Scholars, Vol.1, No, 1, 2010, pp41~57，經作者授權翻譯並校閱。刊發在《東南亞研究》2012 年 8 月（第四期）第 4～13 頁。

29. 國際金融危機與亞太國際關係　王賡武

此文出處不詳。刊發在《思想戰線》2010 年 7 月（第四期）第 37～40 頁。

30. 中國情結：華化、同化與異化　王賡武

此文為王賡武 2010 年 11 月 10 日在北京大學中國社會與發展研究中心主辦的第四屆「費孝通紀念講座」上的主題講座，根據錄音整理並得到作者審定。刊發在《北京大學學報（哲學社會科學版）》2011 年 9 月（第五期）第145～152 頁。

31. 歐洲沒有理由因為中國的崛起而焦慮　王賡武撰　崔玉軍譯

此文係王賡武 2012 年 5 月 2 日在哥本哈根所作的演講的演講稿。刊發在《中國道路的現實與未來》2013 年 11 月（輯刊，年刊）第 145～150 頁。

32. 從歷史角度看權力、權利、維權　王賡武

此文係王賡武 2012 年底在北京大學所作的演講，經作者審定。刊發在

《社會科學論壇》2014 年 3 月（第三期）第 119～130 頁。

33. 文明無國界：以史為鑒　王賡武

此文係王賡武 2014 年在北京論壇的主題演講。刊發在《北京論壇（2004 ～2015）主旨報告與特邀報告集》2016 年 11 月第 322～329 頁。

34. 世界歷史：陸地與海洋　王賡武撰　趙莉譯

此文基於 2015 年 5 月在新加坡南洋理工大學舉行的世界歷史亞洲學會第三屆會議上的主旨發言稿而撰寫，英文稿刊發於《世界歷史亞洲評論》2015 年 7 月第 231～248 頁。刊發在《國家航海》2018 年 5 月（第一期，輯刊，第二十輯）第 171～185 頁。

35. 當今世界秩序是好秩序嗎？　王賡武撰　魏玲譯

此文係王賡武在首屆全國外交與國際關係學院院長會議上的主題演講。2015 年 9 月 14 日，作為慶祝外交學院建校 60 週年的一項學術活動，「國際秩序的構建：歷史、現在和未來」學術研討會暨首屆全國外交與國際關係學院院長會議在外交學院沙河校區舉行。刊發在《外交評論》2015 年 12 月（第六期）第 11～14 頁，這組文章總題目為《國際秩序的構建：歷史、現在和未來》。

36. 在繼承中實現中華文化的創新　王賡武

此文為王賡武在 2017 年 5 月 20 日於江蘇發展大會「紫金文化論壇」上的視頻採訪輯錄，經作者校訂。刊發在《世界華文文學論壇》2017 年 6 月（第二期）第 5～7 頁。

此外，還有書評一篇（2013）、書序一篇（2005）及賀信兩篇（1989、2015）。

1. 重建中國歷史輝煌——評《論中國》和《當中國統治世界》　王賡武撰　崔玉軍譯

此文原題為「China's Historical Place Reclaimed」，刊登在《澳大利亞國際事務季刊》第 4 期（總 66 期）第 486～492 頁，所評論的兩書分別是亨利·基辛格的《論中國》（2011）和馬丁·雅克的《當中國統治世界：中國的崛起與西方世界的終結》（2009），經作者審閱並授權。刊發在《國外社會科學》2013 年 5 月（第三期）第 148～152 頁。

2.《海外華人》序　王賡武撰　胡修雷譯

此文係王賡武為劉宏主編的四卷本《海外華人》所作的序言。該書 2006

年1月由倫敦和紐約的 Routledge 出版社出版，為 Routledge Library of Modern China 叢書之一種。刊發在《華僑華人歷史研究》2005年12月（第四期）第70～72頁。

3. 給泉州海交館的賀信（1989）　王賡武

刊發在《海交史研究》1989年12月（第二期）第2頁，題目為《香港大學王賡武校長賀信（譯文）》。

4. 給《華僑華人文獻學刊》的創刊賀辭（2015）　王賡武

刊發在《華僑華人文獻學刊》2015年9月（第一期，輯刊）第1～2頁，題目為《創刊賀辭》。

華人認同研究最受關注

以上40篇文章，被下載（從高到低排列）和被引用〔註3〕的情況依次如下：

1.《東南亞華人認同問題的研究》　　　　　　被下載 1126 次　　被引 31 次
2.《新移民：何以新？為何新？》　　　　　　被下載 948 次　　被引 32 次
3.《中國和國際秩序——來自歷史視角的　　　被下載 941 次　　被引 14 次
　觀察》
4.《中國情結：華化、同化與異化》　　　　　被下載 850 次　　被引 14 次
5.《新加坡和中國關於東南亞研究的兩種　　　被下載 620 次　　被引 8 次
　不同觀點》
6.《東南亞政黨與國家》　　　　　　　　　　被下載 530 次　　被引 2 次
7.《移民地位的提升：既不是華僑，也不是　　被下載 527 次　　被引 12 次
　華人》
8.《留學與移民：從學習到遷徙》　　　　　　被下載 520 次　　被引 6 次
9.《從歷史中尋求未來的海外華人》　　　　　被下載 496 次　　被引 15 次
10.《中國革命與海外華人》　　　　　　　　　被下載 416 次　　被引 6 次
11.《重建中國歷史輝煌——評〈論中國〉和　被下載 381 次　　被引 1 次
　〈當中國統治世界〉》
12.《單一的散居者》　　　　　　　　　　　　被下載 372 次　　被引 14 次

〔註3〕筆者2021年6月25日通過中國知網搜索。

13.《無以解脫的困境？》　　　　　　　被下載 350 次　　被引 10 次

14.《海外華人研究的地位》　　　　　　被下載 344 次　　被引 9 次

15.《中國文化海外觀》　　　　　　　　被下載 344 次　　被引 3 次

16.《中國歷史著作中的東南亞華僑》　　被下載 299 次　　被引 4 次

17.《社會紐帶與自由：移民社會的選擇問題》被下載 294 次　　被引 2 次

18.《十九世紀以來新馬的華人教育政策》被下載 282 次　　被引 8 次

19.《東南亞的華人少數民族》　　　　　被下載 272 次　　被引 6 次

20.《沒有帝國的商人：僑居海外的閩南人》被下載 243 次　　被引 11 次

21.《從歷史角度看權力、權利、維權》　被下載 235 次

22.《國際金融危機與亞太國際關係》　　被下載 227 次　　被引 2 次

23.《華人政治文化和關於馬來世界的華人　被下載 224 次　　被引 3 次
　　學術著作》

24.《〈海外華人〉序》　　　　　　　　被下載 215 次

25.《澳洲的歷史與現狀》　　　　　　　被下載 193 次　　被引 3 次

26.《中國的第四次崛起》　　　　　　　被下載 166 次　　被引 1 次

27.《〈東南亞歷史研究〉導論》　　　　被下載 162 次

28.《關於華僑史的一些問題》　　　　　被下載 148 次　　被引 2 次

29.《在繼承中實現中華文化的創新》　　被下載 145 次　　被引 1 次

30.《馬來西亞和本地區歷史上的移居模式》被下載 142 次

31.《華商來中國投資的心態和前景分析》被下載 129 次　　被引 1 次

32.《轉型時期的海洋中國》　　　　　　被下載 99 次

33.《世界歷史：陸地和海洋》　　　　　被下載 81 次

34.《文明無國界：以史為鑒》　　　　　被下載 57 次

35.《歐洲沒有理由因為中國的崛起而焦慮》被下載 42 次

36.《中國和東南亞（1402～1424）》　　被下載 19 次

37.《香港大學王賡武校長賀信（譯文）》被下載 19 次

38.《創刊賀辭》　　　　　　　　　　　被下載 1 次

以上被下載排名前十的文章主題詞是：華人認同、新移民、中國與國際、中國情結、新加坡與中國、東南亞政黨、留學、海外華人、中國革命等。研究論題涉及華人研究、移民研究、國際關係、政治、文化、歷史等範疇。

　　[附：集體發言選登的下載與被引情況如下：

1.《國際秩序的構建：歷史、現代和未來　　被下載 6292 次　　被引 23 次

　　（王賡武的題目為《當今世界秩序是好秩序嗎？》）

2.《世界走向中國：從漢學到中國學》　　　被下載 1740 次　　被引 7 次

　　（王賡武的題目是《中國文化本身就是多樣的》）]

寫於 2021 年 6 月 21～25 日

王賡武中文書籍概覽

莊 園

　　截至 2021 年 6 月，筆者收集的王賡武的中文書籍，中國大陸有 9 部（1987
～2020），境外出版的也有 9 部（1988～2020）。這 18 部著述中，兩部是傳記
——《家園何處是》、《心安即是家》（2020）；兩部是自選集——《王賡武自選
集》（2002）和《華人與中國——王賡武自選集》（2013），自選集的內容包括
中國歷史研究、中外關係研究及華人研究；兩部研究中國歷史——《歷史的
功能》（1990）和《五代時期北方中國的權力結構》（2014）；兩部研究國際關
係——《1800 年以來的中英碰撞——戰爭、貿易、科學及治理》（2015）和《更
新中國——國家與新全球史》（2016）；一部研究世界史——《王賡武談世界
史——歐亞大陸與三大文明》（2020）；一部研究香港史——《香港史新編》
（上、下冊，1997）；其他 8 部與華人研究相關——《東南亞與華人》（1987）、
《南海貿易與南洋華人》（1988）、《中國與海外華人》（1994）、《南洋華人簡
史》（2002）、《海外華人研究的大視野與新方向》（2002）、《離別鄉土——境
外看中華》（2007）、《天下華人》（2016）、《海外華人——從落葉歸根到追尋
自我》（2020）。

　　這些著述按出版地域分為兩部分——中國大陸和境外，依照時間排列具
體如下：

中國大陸

上圖圖書為筆者 2021 年 6 月購於當當網

1. 《王賡武談世界史：歐亞大陸與三大文明》，黃基明著、劉懷昭譯，
   當代世界出版社 2020 年 11 月第 1 版第 1 次印刷。

目錄如下：

中文版序：繞不開的歐亞大陸（王賡武）

寫在前面

導言

第一章　　核心與邊緣

　　　　　中國進入全球時代

　　　　　世界史的核心

　　　　　宗教對政治的左右

　　　　　歐洲本土政治的成功

　　　　　儒家秩序

　　　　　「中國人兼收並蓄」

王賡武在《中文版序　繞不開的歐亞大陸》中寫道：

我對現代時期以前的世界史的理解是，一切有文字可考的歷史都發生在

歐亞大陸，而它三面臨海的土地始終關切於海面的波濤、牽動於洋上的風浪。但與陸路發生的事件相比，有關各大洋海事活動的記載顯得凌亂而又支離破碎。數據的缺乏表明，海事在各大文明的早期發展中所扮演的角色並不那麼起眼。

沿著歐亞大陸的邊緣，三大延續而又顯著的文明清晰可辨。西端是在西亞、北非和南歐這些相鄰地區率先發展起來的地中海文明。歐亞大陸的南部邊緣則目睹了印度文明的興起，它的達羅毗荼人（Dravidian）部分毗鄰印度洋，並向東延伸到南中國海。歐亞核心以東是中華文明（Sinic civilization），中華文明傳播到了太平洋邊的日本諸島，但其影響力在東南亞則相對較弱。

歐亞大陸的腹地是一片廣袤的土地，從歐洲的萊茵河一路綿延向東，穿過俄羅斯及中亞的大草原，直抵印度河─恒河以及黃河、長江、湄公河的源頭高地，從那裡，這些大河向東向南奔流入海，匯入西太平洋。在三大文明中，地中海與另兩者的不同之處在於，它的中心有一片處於大西洋和印度洋之間的大海。相比之下，印度平原緊貼浩瀚的印度洋，而中華大地則面朝東方和南方，朝向太平洋與印度洋之間的數百個島嶼。

全球化的現代時期是海洋探索的產物，是 1492 年之後發軔於伊比利亞半島的地中海擴張的一部分。那是一場真正的全球化進程，它從 18 世紀中葉開始逐步將世界經濟整合了起來。這一擴張是海洋性的，而它的起源可以追溯到幾千年來地中海主要海軍力量之間的控制權之爭。一場場無情的爭霸孕育出一種進犯性的文化，這種文化產生了要把陸地和海洋全部掌控在自己手上的帝國。當鬥爭最終蔓延到大西洋時，其勢已銳不可當，很快就遠播四海，蔓延到印度洋和太平洋。那種跨洋性的擴展徹底改變了三大文明之間的相互關係。

這時出現了一個由美洲形成的新大陸，很快它就隸屬於地中海的歐洲那半邊。這給大西洋沿岸的探險船隻提供了進入另兩個大洋的通道：葡萄牙人繞過非洲進入印度洋，而西班牙人等其他人則取道另一邊，繞過南美洲進入太平洋。他們在東南亞殊途同歸，並且在短短幾十年間，全球就基本上歸於海洋性了。這裡一語道破的是近代史的前世今生：18 世紀崛起的新興力量繼續為世界其他地區建立新的系統規範（systemic norms）。這些規範以飛速發展的科學技術為支撐，以工業革命和資本主義為後盾，以在民族國家（nation states）基礎上創造出新型財富和權力的富於凝聚力的民族帝國（national empires）為靠山。

地中海規範

　　這一轉型的起源可以追溯到地中海地區。自從五千年文明的開端以來，那裡發生的事情就與眾不同。腓尼基人和希臘的海上殖民地為偉大的陸—海帝國奠定了基礎，並在此之上塑造出一個能夠多方位擴張的權力系統，並如此這般地向北、向東、向南施展了拳腳。大約 1500 年前，那裡發生了一場劇變，當時地中海周邊國家因對一神論的解讀存在激烈分歧而形成割據局面，地中海文明從此或多或少地一直處於分裂狀態。這與上一個千禧年的情形有很大不同——想當年，地中海就如一個內湖，萬邦及帝國在湖上自由地競逐商機、爭享榮耀。

　　1500 年後，地方衝突還在持續，而地中海文明仍處於分裂狀態。地中海歐洲一側的南半部分落入到穆斯林文明的阿拉伯勢力手中，這一勢力從 7 世紀一直幸存到現在。那長達 1500 年的分裂對西歐人形成阻滯，致使他們無法直接接觸到歐亞大陸另一邊土地上的燦爛文明。他們的商人既無法直接取道進入印度市場，也無法抵達那些更遙遠而且可能更富庶的中國城市。

　　他們知道遙遠的東方物華天寶，他們想去那裡通商，但四分五裂的地中海使他們寸步難行。於是他們轉向大西洋。葡萄牙人領先其他歐洲人，最早到達印度，繼而是東南亞、中國和日本。西班牙人、荷蘭人和英國人緊隨其後。他們都偏愛壟斷性的貿易手段，並以他們無可匹敵的海軍實力來對付阿拉伯、印度和中國的商人。

　　於是，在三個大洋皆被他們闖入之後，這些後來者就徹底改變了歷史話語。尤為令人瞠目的是，他們發揮了地中海內部的海上衝突傳統，似他們得以將一種全球性權力結構施加在原本並沒有持續性海戰傳統的地區。

　　歷史記載了馬來人和占婆人（Chams）在華南及爪哇海域的較量，室利佛逝王國（Sri Vijayan）稱霸馬六甲海峽兩岸的年代亦有史料可循。我們還知道，南印度的朱羅王朝（Chola）統治者曾有數次短兵相接。但他們在 16 世紀之前的這些所作所為，無一能與地中海地區展開持續而致命的海戰相提並論。加之，美洲新大陸為西歐帶去了新的資源，促進了那裡的科技繁榮、資本主義和工業革命的興起。於是，新的海軍帝國如虎添翼，給世界帶來了翻天覆地的變化。

　　在這個全球化的世界裏，舊的封建帝國不得不讓步於那些在歐洲內部爭奪權力的商業帝國。相互的交戰持續了幾十年，他們之間的一系列會談為主

權及重商主義國家的形成奠定了基礎，最終推動了《威斯特伐利亞條約》（Treaty of Westphalia）的簽訂。他們隨後逐步演進為荷蘭、法國和英國等民族國家，這些民族帝國主宰了 19 世紀和 20 世紀的歷史。這些帝國為各國逐步（特別是在第二次世界大戰之後，隨著帝國的解體）開始接受的一套新的系統規範打下了基礎。自此之後，只有民族國家才有資格稱為聯合國成員國。

許多亞洲國家都試圖從各種後殖民地形態中跳脫出來，來建構各自的民族。如今它們仍在為完成這一使命而努力著。與此同時，一些替代性結構出現了。這一情況的出現始於冷戰時期，當時美、蘇這兩個超級大國力圖將世界在它們中間分裂開來。無論美國還是蘇聯，都不能滿足於僅做個民族國家或國家帝國便罷。對此，一些存在共同利益的民族國家就以發展各種區域性組織作為相應。

當 20 世紀 90 年代冷戰結束時，全球性超級大國只剩下了孤零零一個，這種情況也是前所未有的。過去的一個世紀，世界的系統規範是由兩個超級大國操縱強大的民族帝國來決定的。而四十年後，舉世僅剩一個超級大國。這種變化的出現主要是由於卓越的海軍有實力一手打造如今的全球化，令全球經濟得到了增長。

深層結構

鑒於這一全球性框架，我們不禁要問，在研究未來的發展時，討論過去那段大陸和海上力量相對均衡、相互關係較為穩定的歷史還有意義嗎？這時，「深層結構」這個詞就為思考「過去會如何影響當下」這個問題提供了一個有用的途徑。弗蘭索瓦·吉普魯（Francois Gipouloux）在《亞洲的地中海》（The Asian Mediteranean）一書中提到了這種潛在結構。例如，早在地中海列強抵達之前，印度洋和太平洋就已經存在一種結構。那就是集中於世界上最大的一片島嶼（即東南亞群島）的那種半地中海（semi-Mediteranean）條件下的網絡關係。

那裡的深層結構是什麼呢？很明顯，存在那麼一種結構，它將歐亞大陸的各個不同部分聯繫在一起，其蹤跡在有文字記載的歷史中隨處可見，可以一直追溯到 16 世紀。《亞洲的地中海》揭示了這種網絡的存在。其結構與地中海結構非常不同，因其並不受制於帝國海軍之間持續的海上衝突。此外，該網絡中從未有兩股不相上下的勢力僵持對峙 1500 年這樣的超乎尋常的經

歷。相較於希臘人和波斯人之間、羅馬帝國和希臘帝國之間、十字軍和突厥
—阿拉伯人之間在地中海的海戰，波斯灣和東海之間發生的任何衝突都要遜
色得多。

印度洋和西太平洋地區的獨特之處在於，其統治者立足大陸的權力運作
方式，無論是在印度文明還是中華文明中都是如此。幾千年來，它們一直沒
有海上對手與之抗衡。這個框架中唯一的異數是遠在東北一隅的日本。在那
裡，日本人確實積聚了相當可觀的軍事實力，但在歷史上的大部分時期他們
都選擇超然於大陸事務之外，直到16世紀晚期，即當歐洲海軍已經真切地出
現在日本的海岸上時，日本才開始嶄露頭角。

簡而言之，在印度洋—太平洋地區沒有任何可與地中海地區相提並論的
權力割據局面。兩洋沿岸的貿易活動大體上是和平進行的，而商業、文化及
宗教的遷移都是在沒有重大衝突的情況下展開的。沒有任何事情靠訴諸海戰
來解決。各種爭端在口岸城市和流域王國（riverine kingdoms）之間就擺平了，
統治者時常親自參與貿易談判，偶而也會以暴力收場。這些活動將中國、日
本、朝鮮的沿海地區聯繫在一起，並越過馬來群島，一直綿延到印度和波斯
灣。

的確，在15世紀初，明永樂皇帝曾派鄭和率領大規模的遠洋艦隊七下西
洋。這是成功跨越兩個大洋的第一支強大海軍。這表明中國人有能力支持海
軍作戰，然而這幾次遠航終以歷史性的跑偏而收場。一俟鄭和斷定遠洋上沒
有敵手，明朝統治者就把海軍遣散了，對於中國的海岸線之外沒有表現出進
一步的官方興趣。此後，中國在外海的活動群體大體上就剩下福建和廣東這
兩個南方省份的商人了。

這種官方興趣的缺乏將我們帶回到以大陸為基礎的中國歷史的深層結構
中來。中國自古以來立足於大陸，因此，東海及南海的半地中海特徵從來不
曾受到任何強烈或持久的關注。當然，在10世紀之後，當中國的人口向東南
部遷移時，當中國出現割據、朝廷被逼南遷時，人們肯定對把握商機愈來愈
有興趣。但最終，歷朝歷代仍繼續建立在大陸性的自給自足的基礎上，其北
部也不得不終年面對歐亞部落的襲擊和進犯的威脅。

南亞的情況則有所不同，這是由於印度文明並不依賴於一個中央集權的
官僚國家體系，其沿海王國和口岸是獨立於中央控制的。印度沿海的眾多政
體既相互自行開展海上貿易，也與漂洋過海而來的外國商人洽談生意。那些

外商主要來自紅海和波斯灣，也有少數來自於東方。但印度與中國的共同之處是要面對來自中亞的陸路威脅。

敵人總是一成不變地來自西北內陸，而印度次大陸又相對比較開闊，易受草原騎兵的攻擊。因此，千年以來，印度統治者花了很大精力重兵把守陸路邊界以確保不失。

在島嶼眾多而又陸地遼闊的東南亞，情況又一次不盡相同。在這裡，大陸與島嶼之間的利益劃分造就了一段獨特的歷史。我前面提到，那裡沒有發展出任何能與中國或印度抗衡的力量。該地區的差異主要存在於該地區自身內部，存在於依賴海上貿易的各方（尤其是馬來群島）與面對內陸敵人威脅的大陸之間。本土的孟高棉王國（Mon-Khmer kingdom）與來自北方的泰國和緬甸軍隊之間的對抗，使他們長期將重心放在土地上。無論如何，在大多數情況下，該地區的陸地國家與海洋性國家基本上都是自給自足的。

總體而言，決定著印度洋及西太平洋權力系統的關鍵性歷史因素出自歐亞腹地，及馬背上的勢力，類似於衝擊過中國、印度和地中海的那些騎兵。那些通過中亞陸路將三個文明連接起來的進攻性力量始終難以遏制。沿著所謂「絲綢之路」而展開的陸路貿易，靠的是眾多不同的部落國家和綠洲古鎮的共享利益，並且總是受制於局部衝突（若非全面戰爭）。相比之下，海上的聯繫就甚少涉及政治角力，因此很少有人費心去記錄海上聯繫給從事商業活動的各方帶來了哪些好處。海事的記載主要就是關於船舶在港口之間進行的往來，其每年隨季節和季風的變化而動，並沒有什麼戲劇性的大起大落。

深遠影響

16 世紀後，隨著全球性的海洋開發，通過歐亞大陸而進行的商業活動出現銳減，該地區也因此在過去三百年的發展中退居次要角色。那麼，歐亞核心是否因此便無關痛癢了呢？如果我們審視一下那裡的深層結構，就會知道事實上並非如此。歐亞大陸腹地的各國政體仍一如既往，目光向外，朝東、西、南三個方向全方位向外審視。他們當中包括那些從改變世界經濟的全球力量中成長繁榮起來的國家。歐亞核心實際上從來都不是無關痛癢的，因為歐洲西部的現代化進程使俄國人從彼得大帝時代開始得以東進，而大陸上的其他發展則導致滿清反向西遷。到了 17 世紀和 18 世紀，俄、中這兩股勢力在歐亞大陸中間相遇，那一幕遠沒有當時的海洋全球化那麼富於戲劇性。但

他們的相逢仍意義重大，並且這兩個帝國最終都在全球事務中扮演了重要角色。特別是在 1945 年以後，當美蘇兩個超級大國之間展開冷戰時，中俄的相逢使得大陸性勢力有機會對海洋性主導勢力發起反擊。

儘管如此，大陸性國家仍然處於劣勢。在冷戰時期，最精銳的海軍主要在所謂的「自由民主國家」或曰資本主義體系的一邊。海上優勢使得美國及其盟國的經濟快速發展，同時約束了蘇聯集團的發展。後者僅在中國沿海有些開闊的海岸，而中國在整個 20 世紀裏卻無強大的海軍可言。所以說，西方的勝利就是海洋霸權的勝利。

中國人這邊則因為疏於海軍建設，數百年來為此付出了高昂的代價。他們確曾試圖重振旗鼓，適時打造一支新的海軍，但在 19 世紀末兵敗於日本人。1911 年後，中華民國陷入割據，繼而遭到日本的侵略，無從著手建立過硬的海軍。因此，中國共產黨 1949 年取得的勝利，是完全贏在陸戰上的。他們一艘軍艦都沒有。解放軍第一次提到海軍是 1948 年要橫渡長江的時候。即使在勝利後，他們也只是與大陸性強國結盟。沒有任何海洋國家來幫他們培訓海軍，因為海洋國家正是隔海相望的敵人。因此，雖然 20 世紀 90 年代以來只剩下一個超級大國，中國也仍要面對一個力量超群的海洋性超級大國，其實力甚至超過了當年的英國。

在歷史的長河中，還有一個啟示也值得記取。說到全球性海軍大國，荷蘭和英國的示範頗具指導性。其中，荷蘭地處歐洲大陸，而英國則由島嶼組成。前者因此一直被德國和法國這樣的大陸性大國遮蔽，其海軍也無助於它在陸地上強大起來。而英國則在外海上不受約束，因而成長為當時歷史上最強大的海軍力量。但最終，英國人還是沒能堅持下來，因為他們沒有大陸來幫助維持其實力。此外，作為一個如此貼近歐洲大陸的島國，每當有歐陸國家要發展強大的海軍力量時，它就會顯得不堪一擊。因此，在 20 世紀的兩次世界大戰中，英國都需要美國這樣本身擁有大陸基礎的海軍來搭救它。

在地球的另一邊，日本也有類似的問題。那就是，從長遠來看，僅做個島國是不夠的。一個沒有大陸基礎的海軍力量是不夠的。英國曾幾近成為超級大國，但其實力得不到保障，因為它沒有大陸可以依靠。可美國人就有。這正是如今這個系統規範的關鍵所在。有史以來第一次，出現了這麼一個雄踞大陸、同時又凌駕於海上的強國。正是這樣的優勢使美國的海軍力量自 1945 年以來主導了世界。美國在陸地疆界上沒有敵人，因此它是馳騁三個大洋所

向無敵的海洋性國家。他們從英國海軍那裡汲取了教訓，極大地加強了陸上的安保。

　　相形之下，像德國和俄羅斯這樣的大陸性國家就成了跛足。他們根本就別想輕易地闖到外海上去。因此，他們的大陸力量無法支持作為全球大國所需要具備的那種海軍。至於日本，它與英國是同樣的命運。它沒有大陸性根基，所以才拼命想登陸朝鮮、東三省以此進入中國。最後，這一切使其鞭長莫及，他們的宏偉計劃終告破滅。這讓我們的討論回到中國上來，來說說正在中國嶄露頭角的東西是什麼，為什麼它對於美國人及其他人來說如此舉足輕重。中國素有大陸性實力，現在又有了發展海軍的能力。中國人在五百年前曾擁有過海軍，但復又失去。他們如今正試圖再造一套必要的心理定式，以確保他們的新海軍有一個可持續的未來。若果成事，中國將成為擁有強大陸地支持的海軍力量的另一個大國。在目前階段，中國海軍將無法與美國海軍媲美。但他們現在已經非常重視海上事務。這仍是一項相對較新的發展，還談不上形成了什麼海軍傳統。現在敲響所謂「中國鄰國正面臨其海軍威脅」的警鐘，顯然是另有心事，比如說，可能出於擔心美國在中國沿海的霸權可能會面臨挑戰。

　　中國人認識到，他們所面臨的問題是多層面的，但有兩個是迫切的問題。中國在經濟上與全球海洋性經濟聯繫在一起，其未來的發展有賴於此。他們顯然需要海上局勢安全可靠。與此同時，它的邊境有三分之二是陸路邊界，而且與美國不同的是，中國在陸路確實有潛在的敵人。這絕不是胡思亂想。中國人有數千年抵禦陸路敵人的歷史，他們絕不會以為將來就不會有這樣的敵人。他們的鄰國多達十幾個，且並非總是睦鄰。因此他們永遠無法免於大陸性威脅。

　　在此，我們回到文明的深層結構上來。歐亞大陸對中華文明和印度文明的歷史產生過強大的影響，這種影響將繼續扎根於他們的文明之中。中國尤其對海洋有強烈的意識，因為它看到自己的文明曾險些被來自海上的敵人毀滅。如今中國文明進行了一番現代化，它想要確保那段失敗的歷史永遠不會重演。因此，只要強國的海軍堅持在中國沿海有自由行動的權利，中國的領導人就必須密切關注海軍，與此同時又絕不能忘記，中國三分之二的邊境在大陸上。即使在他們為應對未來的威脅而進行海軍建設及其他複雜的備戰時，強大的歐亞大陸傳承仍會告誡他們，他們必須繼續培養一種新的、均衡的全

球史觀。〔註1〕

　　黃明基在《寫在前面》中寫道：

　　在此我先要告訴讀者，你們對這本書愛不釋手的程度，是無法與我成書的欣喜相比的。在新加坡國立大學王教授的幾處辦公室，能靜下心來與他不受打擾地一談數小時，這樣的機遇實在是不可多得。

　　在新加坡生活、工作的這十幾年裏，我有幸在王教授擔任所長的東南亞研究所（ISEAS）供職，得以在很多不同場合聽到他就相當廣泛的議題發表高見——但我必須說，這種機會我總是還嫌不夠多。我置身觀眾席中，和其他每個人一樣，為他的連珠妙語所傾倒。像他這樣做過無數次演講的人，卻總能在內容上引人入勝，旁徵博引而又深入淺出，這一點時時令我歎服不已。他往往不打底稿而能信手拈來，並且總能為講題提供一個宏大的敘事圖景，為聽眾提供他們意想不到的新視角。

　　所以，我萌生了根據對王教授的訪談寫這本書的念頭。除了一個顯而易見的目的，即要記下他因日理萬機而無法訴諸筆端的思想點滴，還希望在他闡析想法時，我能透過聆聽來洞察他如何思考，從而深入探究其思想由點及面的機械原理與有機結構。

　　本書以一位亞洲史、東亞史的學術泰斗對一位外行的歷史學者娓娓道來的方式展開，這一方式具有某些優勢，首要的就是我作為他的聽眾，可藉此以非學術的方式向普通讀者傳達這位專家的精深見解。不過，主要的缺憾也同樣源於這一熱望。在更深入探討某些問題時，在聆聽後進行追問時，由於我作為外行對世界史缺乏相應的深刻認識，故在折服於王教授縝密的思想之餘，時常會對他縱橫捭闔的思路感到疲於招架。

　　但話說回來，我的主要目的，還是要瞭解這位了不起的學者對於形成我們所知世界的歷史動力的見解，這對於目前有關東南亞、東亞、南亞、亞洲——乃至整個世界——的學術研究都有重要意義。這一令人興奮的課題也使我意識到，世界史作為一門學科還只是剛剛出現：那些對人類過去進行描述的傳統嘗試，要麼拘泥於歐洲中心（Eurocentric），要麼太過本地化。

　　此外，寫這本書還有一個非常私人的原因。我目前擔任東南亞研究所副

<hr>

〔註1〕王賡武《中文版序　繞不開的歐亞大陸》，黃基明著、劉懷昭譯《王賡武談世界史：歐亞大陸與三大文明》第1～14頁，當代世界出版社2020年11月第1版第1次印刷。

所長的工作，肩負著所長的指點下，為了未來的十年盡可能全面地建設本所研究領域的責任。為做好這項工作，我需要得到盡可能多的靈感，如此說來，還有什麼比通過一系列密集的訪談、向德高望重的王賡武教授當面討教更有效的途徑呢？還有什麼比用對話形式將它呈現給有知識的公眾更好的方式呢？

因此，我建議讀者只管將這訪談錄輕鬆地讀來，將之作為一個靈感來源，在它的啟發下進一步去思考世界史的各個方面，並思考這些方面是如何影響我們看待人類諸多文明之間的關聯性的。如果用更為學術的版本來呈現王教授與我分享的這些想法，我擔心可能難以成書，並且就算成書也不那麼容易為廣大讀者所接受。

王教授所給予我的，是對世界歷史更廣泛的認知──對此我永遠感激他。這些訪談給了我營養豐富的思想食糧，足以相當長久地維持我對歷史現象的好奇心。王教授向我展示的歷史畫卷是如此色彩紛呈而又一目了然，豐富了我對世上仍在發揮作用的歷史動力的認知。他待我極為慷慨而又平易近人。我記得有位老先生，他聽到王賡武這個名字的時候總要自豪地跟我提一句：「哦，他是我在馬來亞大學時的老師。」由於我從沒上過任何馬來西亞的大學，而且根本不曾想到要攻讀歷史專業，所以這種被引為同門的誇獎總是讓我如坐針氈。我不可避免地對王教授的真傳弟子們欽羨不已。名師出高徒絕非虛傳。這或許也是我動念要做這個項目的真正原因吧──我無法抵擋這樣的虛榮。往深層次上說，我肯定是看中了做一回他的入室弟子的機會，想聽他為我傳道解惑──順便說一下，他的那些見解一旦聽懂，就會給人茅塞頓開的感覺。

每個人都曾有過這樣的經歷，在聽到一個新奇的想法時不由地感歎：「我怎麼就沒想到呢？」我在對王教授進行訪談時就常常有這樣的感觸。我相信本書的讀者也終會深有同感。王教授對世界歷史的演繹意味深長，我很高興能盡我所能讓更多人瞭解到。

從第一次訪談開始，王教授就希望我把這本書當作我的而不是他的書。我懷著感念接受了這份慷慨，也因此對這本書的終稿負有全責。這本對話錄中必定會有些遺珠之感，我可能在一些地方未能把握住王教授話中的深意，因而在抄錄闡編寫的過程中難免形成誤導。如有此等，我先在此深表歉意，並甘願承擔責任──這是為了完成這本令我興奮的書而值得付出的一點小小犧牲，因我相信，這本書定能吸引世界各地所有年齡層的讀者。

　　鑒於王教授擁有身為院士的耀眼學術生涯，想必本書內容之豐富不致令讀者感到驚訝。由於他在海外華人研究及其他諸多課題上的開創性建樹，他已被本地知識界——乃至全世界的知識界——深深銘記。為了方便少數對他不瞭解的人，我在此簡短地介紹一下他的生平。……

　　本書在政治、倫理和社會凝聚力等方面對中國哲學進行了探討。這不足為奇，因為我倆都是在馬來亞長大的華人，對中國文化有著濃厚的興趣。這一事實很好地提示了現代化的突如其來——無論是以移民、槍炮、病菌還是以思想的形式——對各種文明、政治和民族內在動態造成的破壞。文化上的動盪（cultural unsettlement）和哲學上的失憶（philosophical amnesia），對於世界各地許多人來說都是一份不可避免的遺產，無論這些人在西方列強的侵略下如何幸存下來，即使在經濟上很成功，但在現代的設計方案裏為自己找到一個自然而然的位置仍是他們的首要目標。中國的例子就非常突出，並帶有強烈的啟示性。現代生活瞬息萬變的特徵不啻加劇了這種動盪，並影響到每一個人。但也許，正是由於這種瞬息萬變的氣氛佔了上風，宿怨和世仇才可能煙消雲散。

　　本書各章分別基於我和王教授五次對話的內容，每次對話大約歷時 3 個小時，相繼發生於 2013 年 1 月 7 日、14 日和 21 日，3 月 25 日和 10 月 14 日，在新加坡國立大學的東亞研究所和李光耀公共政策學院進行。我要感謝東南亞研究所所長陳振忠先生對此提供的支持，感謝我的愛妻孫莉莉（Laotse Sacker）悉心通讀了英文定稿，感謝劉懷昭女士準確流暢的翻譯。〔註2〕

　　黃基明，新加坡東南亞研究所副所長，《檳城月刊》創刊主編，出版著作多種。〔註3〕

　　劉懷昭，加拿大麥克馬斯特大學碩士，臺灣第 27 屆梁實秋文學獎翻譯獎得主，曾任職北京三聯《生活週刊》及香港《明報》（紐約）等媒體的編輯、專欄撰稿人。其中譯作《起火的世界》《興邦之難：改變美國的那場大火》《大屠殺：巴黎公社生與死》《鮑勃·迪倫與美國時代》先後收入「雅理譯叢」。〔註4〕

　　本書為「雅理譯叢」中一本，由田雷主編。

〔註2〕黃明基《寫在前面》，黃基明著、劉懷昭譯《王賡武談世界史：歐亞大陸與三大文明》第 15～19 頁，當代世界出版社 2020 年 11 月第 1 版第 1 次印刷。
〔註3〕《關於作者》，黃基明著、劉懷昭譯《王賡武談世界史：歐亞大陸與三大文明》封面勒口處，當代世界出版社 2020 年 11 月第 1 版第 1 次印刷。
〔註4〕《關於譯者》，黃基明著、劉懷昭譯《王賡武談世界史：歐亞大陸與三大文明》封面勒口處，當代世界出版社 2020 年 11 月第 1 版第 1 次印刷。

上圖圖書為汕頭大學圖書館藏書

2. 《海外華人：從落葉歸根到追尋自我》，王賡武著、趙世玲譯，北京師範大學出版社 2020 年 1 月第 1 版第 1 次印刷。

目錄如下：

第 01 章　湧向海洋：東南亞的華人

　　　　　大陸性思維方式的起源

　　　　　湧向南方和退回北方

第 02 章　華人移居的方式

　　　　　1900 年之前

　　　　　1900 年之後

第 03 章　追尋自我的多元文化主義

　　　　　重新中國化的目標人群

　　　　　分享精英地位

　　　　　選擇新的身份認同

　　　　　商業和教育

　　　　　「新移民」

　　　　　一個放眼海外的新中國？

索引

這是王賡武在哈佛大學費正清東亞研究中心賴世和講座（1997）的演講稿。

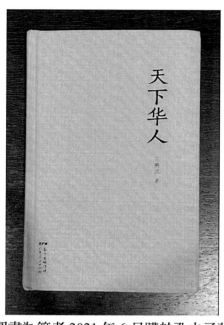

上圖圖書為筆者 2021 年 6 月購於孔夫子舊書網

3.《天下華人》，王賡武著，廣東人民出版社 2016 年 1 月第 1 版第 1
　次印刷。

目錄如下：

代序　古今生民命　天下華人心　　　　　　　　　　　蘇基朗

「華僑」一詞起源詮釋

中國歷史著作中的東南亞的關係：背景論述

中國革命與海外華人

辛亥以後的民族國家

五四以前的正統與鄉俗文化

海外華人與作為中國人

留學與移民：從學習到遷徙

單一的華人散居者？

海外華人：未來中的過去

華人新移民：何以新？為何新？

終而復始：全球化的中國歷史

蘇基朗在《代序》中指出：

王賡武教授原籍江蘇泰州，父親王宓文先生（1903～1972）應邀至南洋

執教華文，因出生於印度尼西亞泗水（Surabaya），時為 1930 年。其後在馬來亞霹靂州怡保成長，在安德遜學校（Anderson School）接受西方正規英語教育，在家師承父母傳統中文家學，因得兼擅中英雙語，及得窺兩者文化的堂奧。1947 年舉家回國，考入南京國立中央大學就讀，翌年因政局劇轉而返新加坡馬來亞大學，在歷史系完成學業，留校攻讀研究院，旋負笈英國倫敦大學亞非學院，1957 年獲哲學博士，再回母校繼續教研工作。王教授 1962 年出任文學院院長，33 歲榮升馬來亞大學歷史講座教授，為首位華人出任該職位者。1968 年作為首位華人應邀擔任澳大利亞國立大學遠東歷史講座教授及系主任，其後並曾掌該校太平洋研究所所長（1975～1980）。由於學術成果豐碩，影響深遠，故此獲選為多個著名國際級研究機構的院士，包括澳大利亞人文科學院（Australian Academy of the Humanities）、臺灣中央研究院、美國文理科學院（American Academy of Arts and Science）等。1986 年王賡武教授應邀出任香港大學校長之職，主政十年之久，建樹良多，有關其在香港的業績及成就，在本港學界早為人所熟知，毋庸贅述。自 1996 年由香港大學榮休起，王教授復應邀任新加坡國立大學東亞研究所所長，至 2007 年始退職為該大學的大學特級講座教授。

王賡武教授著作等身，至 2003 年初共出版英、中及馬來文專著、論集等專書 27 種以上，獨編合編專書 18 種。截至 2008 年夏，復增加 8 種至 53 種。其著述內容主要圍繞三個學術領域：唐至明中國政治與外交（中國中古及近世政治史）、20 世紀以來的中國政治與外交（近代與當代中國政治史）以及海外華人歷史與政治（海外華人史）。

王教授早年的著述，包括他 1957 年在《亞細亞大陸學誌》（Asia Major）所發表分析《舊五代史》筆法的文章：論述五代名相馮道而收入芮沃壽（Arthur Wright）及崔瑞德（Denis Twitch-ett）主編的《儒家人格》（Confucian Personalities，1962）的論文；以及 1963 年在馬來亞大學出版，而由斯坦福大學於 1967 年再版的《五代華北的權力結構》，均屬其中國中古歷史的成名之作，而以五代為中心。其後王教授陸續發表若干研究傳統中國的重要著作，涉及唐代政治與江南、宋代外交等課題，以及一系列有關元明至清中國與東南亞關係的論文及專書。這些作品早成為從事有關領域的權威著作。

王教授對近現代中國史及政治的興趣，可以上溯至他在大學時期對孫中山及康有為的研究。在 20 世紀六七十年代他越來越專注東南亞史及東南亞華

人史研究時，自不免對近現代的中國政治產生更大的關注，這在他 70 年代中後期發表的一系列專書及文章內清楚反映出來。如《重生的中國》（The Reemergence of China, 1973）；《中國社會與中國外交政策》（Chinese Society and Chinese Foreign Policy）收《國際關係》（Interational Affairs, 1973）；《今日中國之古為今用》（Juxtaposing Past and Present in China Today）收《中國季刊》（China Quarterly，1975）；《1949 年前中國的民族主義》（Nationalism in China before, 1949）收《中國：20 世紀革命的衝擊》（China:The Impact of Revolution,A Survey of Twentieth-century China, 1976）；《1949 年以來的中國與世界：獨立、現代性以及革命的衝擊》（China and the World since 1949:The Impact of Independence, Modernity and Revolution, 1977）等。王教授在這些論述近現代中國的著作中，仍是從政治史及政治學的視野出發，探討百年來中國在革命及西方的國家民族主義浪潮下，在政治思想、政策、制度等方面所作的回應。與當年流行的中國觀察家（China Watchers）著作的比較，王教授論當代中國時，往往能從縱深的歷史文化角度切入，高瞻遠矚地透視雜亂無章的政治紛爭表象。其代表作之一，就是《中國歷史上的權力、權利與義務》（Power, Rights,and Duties in Chinese History, 1979）。該文原為「馬禮遜講座」（Morrison Lecture）演辭，體大思精，氣勢磅礡，由先秦儒家理念綜論到「文化大革命」的毛澤東思想，兼及中國文化內權力、權利與義務三者互動的理論與實踐，並進而積極探索三者平衡的前景。此外，王教授曾編輯第一套全面論述香港的參考叢書，並以其豐富的中國歷史、政治、文化等知識為基礎，就香港回歸而發表不少語重心長的評述，在警世恒言之中，猶充滿對未來的希望。

最後是王教授近數十年來用功最深、影響最廣的領域：海外華人史及政治論述。哈佛大學孔飛力（Philip Kuhn）教授曾對他的相關學問作詳盡的評論，收蘇基朗等編《中華世界秩序的權力與身份認同》（Power and Identity in Chinese World Order，2003），以下茲略舉數端以明其梗概。他在這方面的著作可以追溯至 1958 年由皇家亞細亞學會馬來亞分會出版的專刊《南海貿易》。該書專論漢至五代中國與東南亞的關係，內容即涉及華人在東南亞的活動及其意義。王教授在馬來亞大學的年代，正是當年脫離英國殖民統治而獨立建國的前後，歷史課程及研究方向均面對全新的挑戰，一方面要處理如何重新理解馬來亞民族國家的歷史根源，以及立國的國家身份認同的文化根基；另一方面要處理當地數世紀以來累世定居以及 19 世紀大量徙

進的移民的民族性問題，其間最關鍵的莫過於王教授個人所屬的華人社群。在這方面，王教授的貢獻非常重要，例如他的《南海貿易》以翔實的史料證據，說明歷史上以陸權及農業為基礎的歷代中華帝國政權，長期以來對海上擴張並無野心；11 世紀以前華人在南洋活動仍以貿易為主要內容，商人才是主角；因此中國自始對東南亞的影響，主要是非官方的商業行為及華人對當地經濟與文化的貢獻。據他後來的研究，後期中國皇朝對海上發展的興趣不大，政策主調仍是以鬆散形式的朝貢外交關係來維持貿易往來。中國東南亞沿海地方經濟，因而與此變得息息相關。不少儒家士大夫似乎亦對此有所體諒與包容。福建商人團體形成首個中國式的前近代「無帝國商人」（merchants without empires），這與西方的海上帝國政商結合的歷史軌跡，可謂南轅北轍。南洋華人從未建立任何殖民政權，亦與中國本土的政權缺乏政治上的聯繫。這次歷史認識，對理解華人在馬來亞建國過程中應該何去何從，提供了重要的啟示。

王教授另一篇影響甚巨的文章是 1970 年發表在《中國季刊》的《馬來亞的華人政治》（Chinese Politics in Malaya）。文章分析當地華人群體的五花八門，指出以中國利益為依舊而與中國維持緊密關係的，與世代在此土生土長而英國化甚深的海峽華人（Babas）均屬少數，人數最多的一類，仍是一方面希望落地生根，融入當地社會與國家，對政治比較冷漠，另一方面則盼望能繼續保留華族文化及華語。他的論文消除了認為這類大多數華人對馬來亞具有威脅的恐懼。王教授在此領域的另一重要理論，則幾種分析海外華人的身份認同的問題。見其合編的《二次大戰以還東南亞華人轉變中的身份認同》（Changing Identities of Southeast Asian Chinese since World War II，1988）。他提出精緻的分析架構，闡明海外華人的身份認同，一直按族裔、政治、經濟、文化四軸的處境，因時因地而不斷調適變化，以求存於當地，故不可能具有共同的目的論方向。他們既非「同化論」（assimilation theory）所預期的洗盡中華文化而蛻變成完成的異鄉人，亦不是「中介型少數民族論」（middleman minority theory）所論定的一直抱著落葉歸根情懷而客居他鄉。這種由文獻根據出發而對海外華人多樣性加以論述的新見，對澄清海外華人身份認同問題的歷史根源，有發凡開創之功。

最後一例，是他對海外華人的身份認同本身所作的系統性分疏。他釐清

「華僑」（overseas Chinese）及「華僑圈」（Chinese diaspora）兩詞的含混意義，指出其不特不適用於海外華人，並且引起非華人的廣泛誤解，令人以為海外華人一致團結地抱持落葉歸根、效忠母國的僑居心態，而漠視其多元多變與忠於居留國的動態實情。基於對西方歷史文化的深度理解，他也對英文「China」「Chinese」「Chineseness」等一系列近代輸入中國的概念，從事歷史的剖析，以說明其隨著當代政治經濟的變動無常而產生多元多變的內涵，故此不能簡單地望文生義，用以規範海外華人的身份認同。王教授提倡的「海外華人」（Chinese overseas）一詞，也已漸為學界所通用。

綜觀王教授的治學關懷，似可分為兩點。但兩者之間的關係，亦可說千絲萬縷，不易清楚分割。

其一，古今生民命——綜觀古今中國政治文化之演化，及其左右中國乃至海外華人運命的軌跡，進而尋索海內蒼生福祉的願景。

王教授的治學領域之一是中國中古近世史，早期並以五代為中心。《五代華北的權力結構》第二版 2007 年剛在新加坡出版。王教授在再版序上，對是書的出發點作了更清楚的交代。按分崩離亂的五代，在中國史研究領域中向屬冷門範圍，當日這本書以五代為研究對象，自有深意。中國二千年來，正統政治文化均以大一統為常軌，分裂割據為惡世，所有從朝代興衰史觀出發的正史及重要史籍，均以一統盛世及統一中央集權政權的維持為旨趣，故此往往忽視五代。但若不為這種過時的朝代史觀所囿，則五代之世，上承中唐百載以還的分裂割據形勢，下開宋元明清四代千載大一統的局面，而沒有讓中國走上千年分割的命運，其在歷史上的舉足輕重，與其向受忽視的現實，豈非毫不相稱？五代各政權的軍人文士，如何通過各種策略及制度變更的持續努力，為政權爭取天下，前仆後繼，最終締造成宋代重現統一南北的局面，王教授的研究正好說明這種一統天下是傳統中國政治文化的巨大動力。五代雖然距今千年，但時至今日，中國傳統政治文化的大一統心裏，在由西方輸入的近代主權國家意識及其民族主義之內仍不斷發酵孕育，因此也變成百年來中國政治的一大課題。王教授在上世紀五六十年代，以三十餘歲之年，能別出心裁地鑽研五代政治史地關鍵課題，並能透視其在中國政治文化內貫通古今的重要歷史位置，充分體現史家洞察時代，關懷世情的敏銳觸角。

　　其二，天下華人心——由中國文化與政治的分析出發，分疏 19 世紀至今世界各地華人的認同困境與內外心理張力，進而提出可行的出路與理想。

　　王教授 1997 年以《海外華人：從落葉歸根到尋覓自我》為題在哈佛大學作賴世和講座，探討古今海外華人移民的軌跡，分析過去數十年來華人移民潮的重大質變，即由以商人及勞動者為主力的 19 世紀形態，轉變為以知識、學歷與專業為基礎的 20 世紀末新移民。同時，新一波移民主要定居地區的西歐、澳紐、美加等社會，亦經歷了 70 年代以還的所謂包容性多元文化主義（tolerant multiculturalism）運動洗禮而變得更為開放、包容、多元，因而在新一輩海外華人間催生了新的訴求，即希望一方面完全地融入當地社會及其主流語言、文化，一方面仍然保留若干基本的中華文化生活意態。他們無須再在全情投入當地社會政經活動的同時，面對必須放棄個人及家庭維持華人文化生活的抉擇。孔飛力教授認為西方多元文化主義為海外華人所帶來的新機遇，正與王賡武教授一向追求的自由主義理想不謀而合，因而成為他對海外華人困境的一個新希望。王教授在此開拓出海外華人作為個人的主體性與自主性（autonomy）的理論。孔教授將之歸納為「可以自由自在地選擇如何作一個華人，不必迫於狂熱浪潮而虛與委蛇，或畏於偏執流言而不敢自陳。」（The freedom to be as Chinese as one wants, without feeling coerced either by zealots to be more so, or by bigots to be less so.）所謂「有礙個人抉擇的狂熱與偏執」，既可以是來自中國的壓力，要求在政治及經濟事務上忠其所好，亦可以是生自居留地方的壓力，不容保留可資辨認的中華文化作為身份認同的基礎。正因為此種包容的渴求，使得比較自由的西方社會成為熱門的移民選擇。至於這種可以維繫海外華人、可以有助說明中華性（Chineseness）的中華文化，到底包含什麼具體內容？王教授強調其核心價值包括尊重教育、唯才是尚、勤勞節儉、忠於家庭紐帶（respect for education and meritocracy; hard work and thrift;and loyalty to family networks）。2003 年王賡武教授引英國詩人艾略特（T.S.Eliot）《荒原》（The Waste Land, 1922）名句而作演講《記憶與訴求，忽已難分》（Mixing Memory and Desire），從個人體驗暢談海外華人的回憶記錄與數代人之間身份訴求的今昔。最見其半生真情關注與嚴格學養所譜成的生命組曲，清理兼備，演繹昇華，聞者動容。

通觀王教授的學問取向，以貫通古今為治史之經，以科際整合為會通之緯，以史料實證為取信之道，貫通中英雙語學術文化世界，古漢語及中國古典漢學造詣甚深，同時兼通馬來語、若干歐洲語文、日本語及多種中國方言。正如他在接受劉宏教授訪談時所強調，他的學術中心領域，要之就是中國歷史。但他的中國歷史旨在通古今之變，故不為朝代時期正史學官所囿限；以世界為視野，故不以國界疆域語言膚色作計較，用心不離海內外華人生民的憂患與運命，故能避免唯我獨尊的西方中心主義，亦不陷入拒外排他的狹隘民族意結。十歲開始閱讀《太史公書》的王教授，自言中國古籍對其發生畢生影響的，莫如《史記》。綜觀其半世紀以來的學問路及治史胸襟，可謂並無虛言。王賡武教授 1966 年在馬來西亞的講座教授就職演辭，亦以《史用》（The Use of history）為題（收《社群與民族（國家）》Community and Nation，1992），指出歷史學的典範在東西方皆不斷轉移：西方近代學術流變，常以學院內部的思辨能量為發端；亞洲的典範轉移，卻更受當地政經發展所左右，區內的史家因而具有更大的時代使命，參與重新建構瞭解當地新國度所不可缺少的實證史學知識。可見王教授進出中西史學的堂奧，強調「言必有據」的嚴謹治史方法，卻又洞察史學與時代的息息相關，抱持經世致用的務實胸懷，對他所處的時代，克盡西方所謂「公共知識人」或儒家傳統所謂「士」的社會責任。

最後，僅引王賡武教授在最近一次訪談中對當代知識人角色的兩點按語，以為總結：「致知當達天下繩準，睿智可修無窮境界；為學可以輕世濟民，立命竟非徒然虛妄。」（"To attain world standands of knowledge and build up their own intellectual capacity. To lead the world in terms of scholarship should be a realizable goal." In Diasporic Chinese Ventures: The Life and Work of Wang Gungwu, 2004）。

蘇基朗：澳大利亞國立大學博士，師從王賡武教授。曾任香港中文大學教務長、協理副校長、歷史學講座教授，現為香港科技大學人文學部講座教授及學部主任。〔註5〕

〔註5〕蘇基朗《代序　古今生民命　天下華人心》，王賡武著《天下華人》第 1～9 頁，廣東人民出版社 2016 年 1 月第 1 版第 1 次印刷。

上圖圖書為汕頭大學圖書館藏書

4.《更新中國──國家與新全球史》，王賡武著、黃濤譯，浙江出版聯合集團、浙江人民出版社 2016 年 1 月第 1 版第 1 次印刷。

目錄如下：

前言

第一章　世界歷史中的中國

第二章　另一種民族國家

第三章　主權關係並非絕對

第四章　革命是新的天命

第五章　現代性、國家與文明

附錄　天下──境外看中華

注釋

索引

王賡武在前言（寫於 2012 年 2 月〔註6〕）中指出（為強調論述重點，筆

〔註 6〕《前言》，王賡武著、黃濤譯《更新中國──國家與新全球史》第 2 頁，浙江出版聯合集團、浙江人民出版社 2016 年 1 月第 1 版第 1 次印刷。

者將部分字體加黑）：

　　中國之成為激辯的焦點，始自清末的改革者和革命者們有史以來第一次試圖重新定義中國。辛亥革命之後，帝國（empire）讓位於民族國家（nation-state）的概念，中國人開始尋求他們的現代身份，重新設計政治體系並重新書寫歷史。革命成為新的領導者在一個基於國家主權的世界中尋求合法性的源泉。他們很快就發現，要將共和國與他們繼承的政治文化協調起來異常困難。他們感到，他們的共和國既不是帝國，也不是民族國家，於是力圖通過工業文明和科學，並融合優秀傳統，來更新中國。

　　2008 年我在香港中文大學余英時講座中提出，這種更新是過去一個世紀以來中國人努力為之奮鬥的國家重建過程的核心。從遭遇西方現代民族帝國之後，清帝國的精英們就力圖通過革命來抵禦外來控制。遭到失敗之後，他們轉而訴諸傳統以保持其作為中國人的意識，同時對那種將中國置於邊緣的主流世界歷史話語提出挑戰。

　　反思正在進行中的全球化過程，我想起錢穆 1952 年出版的《中國歷代政治得失》。這本書幫助我重新思考中國歷史。我特別感興趣的是中國人如何以中華民國取代了清朝政府，以及為何這一民族主義的大膽嘗試出人意料地以 1949 年中國共產黨的勝利而結束。1952 年，離這一震驚世界的事件僅僅三年，我對此記憶尤深。

　　余英時當時是錢穆的研究生，因而他應該讀過這本書。像他的老師一樣，余英時也是一個為環境所迫不得不從外部省察中國現代化道路之變遷的局內人。他們兩人在寫作時都懷著今日不復多見的對中國轉型的一種感情。在經歷了中國的革命和現代化之後，他們都離開大陸，繼續探索是什麼使得中國的政治和文明如此獨特。

　　不過，我對中國國家的思考來自一個通常從外部來看待這一主題的華人的視角。大約 60 年前我去造訪錢穆的時候，我的研究課題是關於康有為和孫中山及其在英屬馬來亞的經歷，以及他們與大量生活工作於殖民環境中的中國人的交往。他們兩人都看到了西方在亞洲擴張的一些影響。馬來亞提供了一種英帝國的視野，即以在倫敦的英國政府的眼光，或者從航行於各大洋的艦船甲板上來看待世界歷史。對於他們的帝國歷史學家來說，中國是遠方一片離奇的大陸，處於全球海上強權的邊緣。相比之下，中國歷史學家們則在

調整他們的世界觀，以對這一動態系統中的強弱對比做出反應，並使中國找到自己在新的全球話語中的合適位置。

本書中的論文代表了我對中國人努力建立現代國家和文明的理解。他們解讀歷史，以求找到理解這樣一些問題的線索：中國人如何應對諸如在兩千年帝制之後建立一個民族國家的問題，以及他們如何通過擁抱現代性來復興獨特的文化傳統。對於這個主題，中國國內及海外已經有了大量的相關的研究，這裡所集結的論文並未涉及當前學界的所有討論。我也意識到用英文寫作必然影響我對中國發展進程的描述。有時我所用的詞語無法傳達中國人對自身和外部世界的所思所想。我意識到，**努力將中國土生土長的概念與源於歐洲史學的概念相匹配**，這本身就是正在進行的更新過程的一部分。我相信，為了理解推動當今中國發展的動力，其他人跟我一樣，也不得不接受這樣的狀況。〔註7〕

上圖圖書為汕頭大學藏書

〔註7〕《前言》，王賡武著、黃濤譯《更新中國——國家與新全球史》第1～3頁，浙江出版聯合集團、浙江人民出版社2016年1月第1版第1次印刷。

5.《1800 年以來的中英碰撞——戰爭、貿易、科學及治理》，王賡武
著、金明、王之光譯，浙江出版聯合集團、浙江人民出版社 2015 年
7 月第 1 版第 1 次印刷。

目錄如下：

鳴謝

一　導論

二　「去打仗」

三　「去貿易」

四　「去傳教」

五　「去統治」

六　餘論

注釋

索引

此書是王賡武根據他在 2000 年 10 月於劍橋大學的英聯邦演講所修訂。
該演講由史末資紀念基金會贊助。〔註 8〕他在導論中指出：

我在馬來西亞西北部的霹靂州首府怡保市長大。歷史上，霹靂州曾接受
英國的保護。我在當地一所公立學校（安德森學校）修讀英帝國和英聯邦史，
獲頒劍橋證書，這所學校以總督約翰‧安德森（1858～1918）爵士的名字命
名。我在新加坡新建的馬來亞大學就讀時，揚‧克里斯蒂安‧史末資（1870～
1950）爵士依然健在。我感興趣的是，為何這位負笈劍橋的殖民地居民一度
痛恨大英帝國，卻又離奇轉身成為英聯邦的忠實擁躉。1968 年，我在澳大利
亞國立大學見到史學家基思‧漢考克（1898～1988），當時他剛完成《史末資
傳》（第二卷），我對史末資的研究興趣油然而生。我樂於閱讀這位布爾人青
年時代的故事和他在第二次布爾戰爭（1899～1902）期間建立的功勳。他人
生的最後階段，也就是 1933 年之後的經歷，更讓我關注。他為何對英聯邦變
得如此忠誠？在我這個華人看來，由兩個原因甚為突出。一個原因，他是歐
裔基督徒，認同英國歷史文化，同時是世界名牌大學培養的英美法系律師。
另一個原因，他是殖民地居民，深愛祖先的南非土地，渴望他的民族在那個

〔註 8〕《鳴謝》，王賡武著、金明、王之光譯《1800 年以來的中英碰撞——戰爭、貿
　　　　易、科學及治理》第 1～2 頁，浙江出版聯合集團、浙江人民出版社 2015 年
　　　　7 月第 1 版第 1 次印刷。

多民族大陸上建立起屬於自己的文明國度。因此，他大力宣傳鞏固英聯邦制度，使他的國家奉行自由和博愛，成為世界大家庭的一員。

這兩種動因在我身上都找不到，難怪我有機會走近英聯邦歷史，卻沒能從事這項研究。我出生在遵奉帝制的中國文人家庭。辛亥革命改變了這種家庭的生活。我的父親放棄了對傳統儒家經典的研究，考入現代大學。畢業後，他發現必須離開中國去尋找他樂意從事的職業，遂僑居英屬馬來亞，以教書為生。父親之後回國結婚，夫妻一同前往荷屬東印度群島。我生在印度尼西亞蘇臘巴亞市。父親時任一所中文中學的校長。在我年幼時，他離開爪哇，在馬來西亞霹靂州英國管轄的教育部擔任漢語學校督學。父親在中國大學學過英語，極推崇英語文學，但他從沒把我培養成大英帝國的順民。不過，通過學校工作，父親開始瞭解大英帝國管理多元社會的舉措。他便自認他的工作目標是讓中國孩子接受良好的現代教育，使華人社區將中國文化力所能及地傳播給感興趣的民眾。我的母親中文很好，但一點也不懂英文。我們在家只能講中文。對於父母來說，馬來亞不是真正的家，他們內心最深的渴望便是回到祖國的懷抱。他們向我這個獨子宣揚要愛中國及中國的東西。

那麼，我為什麼有資格談英聯邦？一個原因是，除了短暫的三年，我這一生一直生活在前英屬殖民地或現英聯邦國家。我過去的歲月是在以下多個國家和地區的城鎮中度過的：馬來亞、馬來西亞、英國、澳大利亞和香港，最後是獨立的新加坡。另一個原因包含多種因素。儘管學術寫作圍繞中國歷史和海外華人，我的歷史可是從大學裏的英國老師和同事那裡學來的。我的研究、教學和寫作都在英聯邦體制下的大學和環境中進行，這使我有足夠的機會思考中英關係，不管是在英聯邦國家之內，還是在英聯邦之外。於是，我時常納悶，各種各樣的中國人同英國人打交道時的際遇怎樣，從與各色英國人的交往和英國人在亞洲各地區的活動中，中國又得到了什麼。

因此，這些講稿都圍繞這個角度來寫作。內容上不可能面面俱到，涵蓋英國與中國、中國人關係的各個方面，而是從中英兩國的外圍加以旁敲側擊，試圖將關乎兩國人民的中心問題與看似無關緊要的問題相提並論。我使用「交往」一詞，沒有吉莉安・比爾定義的「有力的、危險的、誘人的、基本的」這些屬性，但是我希望這個詞正如她所提到的，「能充分探討未經省察的假設，允許一般解釋者而不總是政要們去挖掘未經表達的動機」。我選擇的研究視角有時比較棘手，提供的場景撲朔迷離，始終不夠全面，不過，我的核心觀點

是：在關乎深層價值觀的最重大問題上，中英兩國人民仍存在巨大分歧。

　　我從中英兩國一開始就動盪不安的關係說起。兩國人民之間能對上眼的東西本就不夠多，以至於無法增進相互瞭解。個中原因是複雜的。有些源於政治經濟上的直接衝突，但大部分是出於歷史文化上的千差萬別。這一點本來就不足為怪。英國深受西方文明的薰陶，而中國有著自身創造出來的獨特的文化傳承，雙方可謂大相徑庭。另外，在跟中國相遇之前，英國人已和其他偉大的文明國家打過交道。事實上，比起與中國人的聯繫，英國人跟西亞的穆斯林國家、南亞的印度這兩大文明的交往更加深入。英國跟上述兩者的關係也好不到哪裏去。英國人的帝國疆域越來越大，始終苦於寡不敵眾。他們覺得自身勢力橫豎不穩固，便建立起防護欄，並擴展到社會和文化關係。外族環境，令英國人根本應對不及；人手不夠，也實在做不到減少防禦工事。

　　儘管如此，中英關係的發展卻豐富多彩，卓有成效。儘管兩國差異懸殊，但漢語世界的人與英語民族在許多場合中過往甚密，有些交往甚至對中國產生了深遠影響。例如，中國對英國海軍的強大耿耿於懷，但更羨慕一個現代的民族主權國家造就了這種實力。中國不斷地評估自身的國防和國家安全，但是國家為應對那種實力所須作出的洗心革面卻姍姍來遲。同時，中國的官僚階層對海外商企能夠創造的巨大財富感到震驚。這最終使他們重新審視中國商人的地位，重新定義在中國復興過程中商人的角色。此外，不同的中國群體對於英國傳教文化的反應也是不同的，最終，英國的科技進步贏得了最多的信徒。其結果是，對於中國各民族而言，科學思想成為衡量現代文明的方式，並決定了現代教育的意義。最後一點，大多數中國人對英國人的遵紀守法、市民自律和行事高效感到驚訝，儘管他們並不總是理解如何培養起對法律的這種尊重。要理解這個法治社會的管理體系是如何分級建構的，也不是一樁易事。但無疑，兩國範圍廣泛的交往日積月累所產生的影響是深遠的。

　　我將擷取中英交往的歷史，分析和思考其在當下與未來的意義。第二、三章探討中國對戰爭和海外創業戰略的態度。第四、五章講述中國科學史的重新發現和中國對於現代治國方略的回應，包括對政黨制的試驗。然後我將對這些思想進行歸總，以提供對英中現象的一個長遠的眼光。

　　一旦比較英國對中印兩國產生的影響，我總是震驚於 19 世紀印度穆斯林詩人米爾扎・迦利布（1797～1869）的兩行詩。當時，他正向印度阿里格爾穆斯林大學創始人賽義德・艾哈邁德・汗（1817～1898）提議，希望後者不要過

度關注莫臥兒人的過去。他這樣寫道：

> 睜開眼睛，審視英國人，觀看他們的作風、風俗、貿易和藝術。

同時代的中國官員是不能夠聽從這一建議的。為什麼會這樣？背後有重要的文化因素。這也能衡量印度人（包括印度教徒和穆斯林）與中國人世界觀的不同起點。在迦利布希望賽義德‧艾哈邁德‧汗審視的四個品質中，只有英國人的「貿易」才可能吸引中國的沿海商人，但另一方面，清朝官員要控制的也正是貿易。他們絕不會鼓勵中國商人學習英國的經商之道。對英國人的「作風」和「風俗」更是如此，清朝官員一般會積極找茬。一些中國人可能覺得英國人的「藝術」有趣，尤其是其實用設計藝術、工藝美術，以及材料使用上的創新。但在大多數時間，中國人所景仰的還是英國人的強國之道。

那麼中國人的關注點是什麼？我注意到英國漢學家阿瑟‧韋利（1889～1966）在《我們欠中國的情義債》一文中卓有高論。文章寫於 1942 年，第二次世界大戰中期。兩年後，該文在蕭乾（1910～1999）的《千弦琴》〔註9〕中再版。韋利談到在 20 世紀頭 20 年，「我們與中國的關係的偉大轉折點到來了」，當時英國的有識之士、詩人、教授和思想家，接著以往的士兵、水手、傳教士、商人和官員，開始到訪中國。韋利竟吸引大家留意這種轉變，有點令人驚訝。伊萬‧莫里斯這樣寫道：

> 最奇怪的是韋利從沒到過中國和日本。我問起原因，他始終沒有直接答覆。雷蒙德‧莫蒂默說，「韋利癡迷唐朝時期的中國和平安時代的日本，他不能一邊直視現代的醜陋，一邊在荒蕪中尋找許多保存完好的美跡」，他這麼說自有一番道理。韋利心中早存有中日兩國的風光景致，他不希望旅行沖淡這種美好感覺。

韋利揭開中國詩歌的神秘面紗，將中國詩歌領入英語世界，他自己就屬於「偉大的轉折點」。他獨闢蹊徑，與中國人進行深層次的心靈和審美的交流。遺憾的是，能意識到這份情感如何對中國的思想、語言和藝術產生咒語般魔力的中國人，實在寥寥無幾。

〔註9〕蕭乾選編《千弦琴：中國文選六卷》第 381～383 頁，倫敦：嚮導出版社 1944 年。《注釋》，王賡武著、金明、王之光譯《1800 年以來的中英碰撞——戰爭、貿易、科學及治理》第 117 頁，浙江出版聯合集團、浙江人民出版社 2015 年 7 月第 1 版第 1 次印刷。

阿瑟・韋利在文中提到幾個人，他們「不是去傳教（to convert）、貿易（to trade）、統治（to rule）或打仗（to fight），而僅僅是為了交友和學習。」他認為這些訪客本該為中國帶去英國人的嶄新形象。他提到的高爾斯華綏・婁斯・狄肯遜（1862～1932）和羅伯特・特里維廉（1872～1951）沒有產生影響。只有伯特蘭・羅素（1872～1970）給中國留下了印象，但像他這樣有影響力的學者屈指可數，且訪華時大多為時已晚，沒能結交多少朋友。事實上，韋利前面提到的這四個詞比他期望的更正確。當然，我們不能怪他沒有預見到在接替英國的更強大的國家身上，用這四個詞同樣適用。我指的是非正式的美帝國，已經不知不覺地進入中國人、東亞人和東南亞人的視線，取英帝國而代之。不管正式與否，美國榮登帝位，加入中英交往的第二階段，使更加寬廣的歷史畫卷無縫連接，直至當下。所以，我建議依然將這四個詞作為故事展開的關鍵詞。「傳教、貿易、統治或打仗」描述了中國和英語民族關係史的核心內容。

這四個詞暫不按順序來講。我先說「打仗」，中國對這詞的關注度最高。1842 年，中國初嘗鴉片戰爭失敗的屈辱，成為中國近代史上厄運的開端。也許，中英人民之間從此沒法把關係理順的原因正在於此。我再說「貿易」。「貿易」起步很早，但只有當戰爭的硝煙散盡，貿易的影響方能彰顯。中國人遠較英國人瞭解對方，隨著雙邊合夥貿易的深入，彼此評價較少發生偏差。「傳教」則是單方面的。中國傳統上較少關注勸人皈依的工作，但當該詞延伸到涵蓋宗教和世俗兩方面的教育，雙方就有了充分的探討空間。結果是，沒有什麼對上眼，但中國人還是設法從接觸中獲得了很多其所需要的東西。「統治」更是單方面的，但對於大多數中國人來說，這勢必是不完全的體驗，如果不是邊緣化的經歷的話。在打開中國沿海地區之前，英國不得不統治印度，但對於中國，卻並無統治的興趣。英國最後還是統管了零碎的行政權，管轄範圍包括中國通商口岸、中國海關、轄區涵蓋中國大陸之外的華人社區，主要是香港、馬來亞、婆羅洲（東南亞加里曼丹島的舊稱）的北部地區。中國人對此反應不一。但這可能加深他們對現代治理本質特徵的理解，值得關注。

鑒於我將暢談中國，跟史末資紀念講演由此得名的英聯邦相關的問題暫且放在一邊。我希望各位接受我的一個觀點，即儘管創建英聯邦的政治

家自有動機，但英聯邦背後的理想卻超越了一個由有著共同過去的成員國組成的溫馨俱樂部。他們取之於一個大膽嘗試的理想，要將一個多文化、多種族的世界中各個國家的獨特經驗予以歸納總結，並梳理這些經驗供他國學習，乃至傚仿。中國自身不直接屬於那個世界，並仍堅持一己之願景，以便在定義那個世界的未來中依然能扮演重要角色。但目前，有千百萬海外華人生活在不同的社會經濟體制下，其中的大多數人生活在由美國非正式領導的說英語的帝國裏。他們成為溝通中國和全球化了的那個世界的有用紐帶。

揚·克里斯蒂安·史末資會理解 20 世紀前後半葉世人觀點之嬗變。他是同齡人中最國際化的布爾人。他敬仰溫斯頓·丘吉爾的世界觀，惋惜美國的孤立主義，畏懼蘇俄的崛起，認識到印度獨立的必然性。中國抗日戰爭爆發之後，他於 1937 年 9 月帶著不詳的預感，寫下這樣的評論文字：

> 完全釋放之後，這個巨人將做什麼？我擔心日本所為不僅自毀前程，而且日後可能威脅到西方國家幾代人，這種破壞將超過東方國家歷史上的任何歷史事件。中國的英雄主義或將震撼世界。

引用史末資的原話，他的悲劇是「擔心淹沒在黑非洲……造物主犯了一個錯，造成了不同膚色，我們有什麼辦法？」因此，英國沒有管好南非，史末資沒有加以責備。回想起來，英國人錯在跟布爾人打仗。英國勝得並不輕鬆，儘管最後是贏家。他們終究未能阻止世界上最醜惡的政權在英聯邦誕生。但英國在經貿方面幹得不錯。南非確實成為非洲大陸上最富有的國家。至於勸人皈依基督教理念，功勞當屬英國國教，培養了像納爾遜·曼德拉這樣的基督徒。照中國人的話來說，曼德拉就像蓮花「出淤泥而不染」。這朵美麗的蓮花定會得到中國文人雅士的敬仰。

更有甚者，大英帝國的殖民地不經意地誕生了另一位傑出人物，那就是印度國大黨領袖聖雄·甘地（1869～1948）。他先前在南非擔任律師，與史末資是同代人。韋利用在旅華的英國人身上的四個詞──打仗、貿易、傳教和統治，如果用到印度身上，甘地會拒絕接受。甘地反對一切戰爭，因為印度人和英國人造成了太多的殺戮，他看不見在印度這片戰場上戰而勝之的曙光。甘地欣賞基督教的精神力量，但反對基督教會。他在公開場合引用基督教中那些能夠使他堅持本來信念的信條。他更加強烈反對英國統治，但在尋求民

族獨立的道路上，他對遇到的每個問題都堅持非暴力解決，這難住了頑固不化的大英帝國當局。他還反對基於大規模生產的貿易方式，英國人藉此壟斷了印度市場，削弱了印度的傳統農業經濟和文化。

　　與甘地的四個拒斥相比，中國缺乏如此徹底革命、不屈不撓的政治領導人。中國倡導徹底改革和革命的領導者，如康有為（1858～1927）、孫中山（1866～1925）、激進的民族主義者蔣介石（1887～1975）和青年毛澤東（1893～1976），對大家看到的以英國為代表的現代化和世俗化的反應，比甘地來得更加迅急。跟許多實幹的中國人一樣，這些領導人樂於以西歐模式為學習榜樣，而不單單向英國看齊。那麼，為什麼在今天看來印英交往結出的碩果貌似多過中英交往？為什麼英國對印度的影響甚至大過整個西方世界對中國產生的影響？我將不去回答這個問題。但我希望通過我對中英交往的述說，幫助其他人揭開這一看上去引人入勝的謎題。〔註10〕

　　鄭爽《王賡武〈1800 年以來的中英碰撞：戰爭、貿易、科學及治理〉》刊發在《海交史研究》2017 年第 1 期。這是一篇長書訊。《1800 年以來的中英碰撞：戰爭、貿易、科學及治理》一書整理自王賡武教授 2000 年 10 月在劍橋大學的演講。書名為「中英碰撞」，但其內容並不侷限於中英兩國的交往，而是著眼於漢語世界和英語民族關係史。據作者對前英屬殖民地和現英聯邦國家的瞭解，在徵引大量文獻後，本書的核心觀點呈現為：在關乎深層價值觀的最重大問題上，中英兩國人民存在巨大分歧，因而中國和英語民族的交往必然存在一個不對稱的碰撞過程。全書涵蓋了從鴉片戰爭前後到當代的中英交往關係，從戰爭、貿易、科學和治理四個角度闡述中英的互動，重點在於探討英國及其繼任勢力如何影響乃至改變中國和華人社會。此書除導論與餘論外共分四章，分別以阿瑟韋利《我們欠中國的情義債》一文提到的「去打仗」（to fight）、「去貿易」（to trade）、「去傳教」（to convert）、「去統治」（to rule）四個關鍵詞為線索展開。〔註11〕

〔註10〕《導論》，王賡武著、金明、王之光譯《1800 年以來的中英碰撞──戰爭、貿易、科學及治理》第 2～10 頁，浙江出版聯合集團、浙江人民出版社 2015 年 7 月第 1 版第 1 次印刷。
〔註11〕鄭爽《王賡武〈1800 年以來的中英碰撞：戰爭、貿易、科學及治理〉》刊發在《海交史研究》2017 年第 1 期第 159 頁。

上圖圖書為筆者 2021 年 6 月購自孔夫子舊書網

6.《五代時期北方中國的權力結構》，王賡武著、胡耀飛、尹承譯，上
　海世紀出版集團中西書局 2014 年 4 月第 1 版第 1 次印刷。

目錄如下：

晚唐至宋初統治者表

第一章　引言

第二章　藩帥與唐遷（883～904）

第三章　中央權力的發展（883～907）

第四章　梁朝與唐室中興（907～926）

第五章　對藩鎮的控制（907～926）

第六章　朝廷的政治權力（926～946）

第七章　藩鎮的衰落與新權力結構的出現（926～947）

附錄　五代史上河東道與河北道的聯盟

史料說明

主要參考文獻

索引

譯後記

王賡武在《原版序》（1961 年倫敦）中寫道：

中國和日本的學界先進，在過去的三十年裏，為唐宋史研究開闢了一個新紀元。他們的大量研究對我們瞭解這段歷史貢獻良多，對此我深懷感激。對於兩個王朝之間的變革這個艱深的研究領域，我更為感激日本周藤吉之教授及其同事、學生們撰寫的一系列文章。當然，本書的結論是我自己的，其中如有錯誤，希望不要歸咎於上述這些學者。

這項研究原本是作為申請倫敦大學（University of London）博士學位論文而提交的論文，1955～1957 年完成於倫敦和劍橋。在此期間，我同時受到了來自杜希德（D.C.Twitchet）和蒲立本（E.G.Pulleyblank）兩位教授的熱心幫助。對於他們在我新進致力探研中國史時所給予的個人關懷和極大耐心，我深懷謝意。在倫敦，我還受到了來自（D.G.E.Hall）教授的很多鼓勵，他給了我由東南亞轉到中國的勇氣；可接觸的材料使得這一轉變得以成功進行。另外，亞非學院（School of Oriental and African Studies）中文圖書館的 E.Lust 先生和劍橋大學（University of Combridge）中文圖書館的 M. Scott 博士，他們的熱情幫助使我的研究能夠輕鬆愉快地進行。

還有很多人也使我受益，C.N.Parkinson 教授、E.T.Stokes 和 Ian Macgregor 先生，他們用各自的方式教我喜歡歷史。我的同窗好友黃麟根博士則閱讀了初稿，提出了有益的批評。這項研究得以順利開展，也離不開英國文化協會（British Council）和倫敦中國協會（China Society in London）的慷慨幫助。對於他們的支持，我深表感激。

對於我的妻子，我欠她的太多了。在我研究和寫作的每一個階段，她給予了鼓勵和幫助。這項成果在很多方面也同樣屬於她。〔註 12〕

王賡武在《2007 年版序》（2005 年 12 月新加坡）中寫道：

中國的統一為常態，而分裂時代則為畸態。這就是兩千多年來中國的思想家、統治者，並最終成為大多數中國民眾對中國政治和歷史的看法。隨著 1949 年革命，毛澤東和中國共產黨獲得了重新統一，他們認為這對中國來說是至關重要的。但他們所接續的是繼承清王朝疆界的一個共和政體，也就是一個自立於世界萬國的、以現代民族國家為理念而建立起來的政治實體。那

〔註 12〕 王賡武《原版序》，王賡武著、胡耀飛、尹承譯《五代時期北方中國的權力結構》第 1～2 頁，上海世紀出版集團中西書局 2014 年 4 月第 1 版第 1 次印刷。

麼如何在統攝中國如此之久的天下（All under Heaven）觀之外，考量中共之獲取重新統一？不管新的中國現在是什麼名號，恢復統一常態這種文明理念的能力，仍是正統的鎖匙。所不同的是，現在強調的是擁有固定邊界的主權國家，而不在於文明之統一。這種新的理念據說為國家法所界定。根據國際法，一國的邊界要為其他國家所認可。因而，這一理念並非可由民族精英任意修改，像今天台灣與大陸統一、維護中華人民共和國現有領土邊疆之類的話題，遂成為其新的顯著標誌。

中國人被持續地提示以「中國終不可分」這一理念是何等堅實可靠，它現在則被重新明確，並作為精英們的行動理念而得到捍衛；且中國人也被提醒，中國敘事與這一理念的聯繫是如何之緊密。這種理念在過去如此成功地傳佈，主要的原因即在於它總是被引入現實，因而總是被視為業已實現。但統一決非完美。只要有某些最小的條件得以滿足，有政治實體宣布統一被廣泛認同，通常來說也就足夠了。中國的統治精英接受了這種務實的態度，因此他們確信這一理念總是接近於中國的現實。這些精英甚至不曾是傳統上所認為的中國人（今稱之為漢族人）。大一統之後的第一個千年裏，來自北面和西面的入侵者，從匈奴、鮮卑到突厥、回鶻和吐蕃，都曾試圖進佔中國腹地。到了第二個千年，契丹、女真、蒙古和女真人的後裔滿洲，則更為成功。在這 1000 年裏約有 700 年左右的時間，即便不是整個中國，大部分也為其所統治。以天子（Son of Heaven）所治「天下」為標誌的地域之分裂與統一，所有這些入侵勢力在其中都扮演了關鍵的角色。正如官方歷史記載所顯示的，那些掌控一時，且直承正統王朝的勝利者們，才能被算作是「天子」；他們統治的時間的短長則可以不必考慮。本書所研究的五代史中，後漢（947～951）二帝總共在位那年又 307 天。即使他們當初曾使中國陷入分裂也沒有關係，只要他們為最終的重新統一做出了無論何種形式的貢獻，他們都可被接受為正統的「天子」。

我對中國史最初的興趣是在近代。我曾為那些在 1911 年清朝滅亡後割據中國長達數十年的軍閥所吸引。饒有興味的事，當時中國的精英，無論武人、官僚還是知識分子，一致認為他們應當投身到中國的重新統一之中去。四十年間，他們努力投身於這項事業，並且很多人準備以自我犧牲來換取版圖混一。他們的所書、所言無不提醒著中國人，亂離之世多在分裂之時；特別是 3 世紀漢代之後和 9 世紀唐朝以後的割據狀態，後者則是「天下」最後一次以

同樣的方式分裂。於是我要問，何以那種特殊形式的統一在此之後會實現？
這項研究完成於 1957 年，初名《五代時期北方中國的權力結構》（The Structure
of Power in North China during the Five Dynasty），從而試圖理解這個分裂時代
所發生的、促使中央集權得以恢復常態的事件。它起始於唐朝（618～907）
衰亡的最後階段，迄於五十年後的 947 年，此時最終推動重新統一的基礎開
始明確，因此我並未繼續探討 960 年以後由宋初太祖和太宗完成的統一的最
後措施。那些事件在宋代的記載中已被頌揚；許多晚期的歷史已經由 Edmund
H.Worthy 在其 1976 年完成的博士論文中予以重新探討和描述。

　　所有的中國史家都認為，唐朝皇帝的權威並未能長久持續。到了第五位
皇帝玄宗（712～756）在位的末年，一系列的入侵和反叛導致京城長安陷落。
雖然京城收復了，王朝卻再難恢復元氣。下個世紀裏，中央權威持續衰弱，
北方很多藩鎮節度使坐享極大的自主權，從而滑入無政府狀態，更多的叛亂
亦不可避免。最終，唐朝於 907 年滅亡，代之以五代十國（907～960）。這是
中國前所未有的「天下」分裂局面。自此以後，9 至 10 世紀的歷史處於並未
持續太久的畸態語境中，直到重新統一，恢復常態。對於編纂這段歷史的繁
難工作，所有後來的史書都深受歐陽修（1007～1072）和司馬光（1019～1086）
著作的影響。最重要的是歐陽修的《新唐書》、《新五代史》和司馬光的《資治
通鑒》（統治的鏡鑒）。它們都是捍衛中國史主要是政治史的正統觀，這種正
統觀的精髓總是蘊含在中國的統一之中。對於統治者和他們的士大夫，其神
聖使命就是不惜一切地維持中國統一的理念永世長存。

　　自從 1911 年清朝和「天下」體系崩潰之後，一些受西方方法影響的中國
知識人，已開始沉浸於社會史和經濟史，並試圖擺脫這一政治正統。其他人
發現日本近代學術對此問題有所助益。有一群人大規模接受了馬克思主義的
觀點，並共同重構中國歷史，將兩千多年統一與分裂的大部分時間描述為一
個「封建」（feudal）時代，農民起義可以為這個時期裏所有重大變化提供最
好的解釋。我進行五代史研究時，正值農民起義及封建論模式成為新的正統。
我認為這個模式並不能夠說服我套用到我所研究的時代，因此我選擇不接受
它。相反，我集中於從文化和軍事上重新檢討中國最為分裂的時代再統一的
方式和手段。顯然，這個時代的主角們很少有時間去考慮什麼能夠結束割據
狀態；為了生存而不顧一切地戰鬥耗盡了他們的精力。但提供統治架構的天
下觀總是提醒人們，需要有新的天子來擔負更大的責任。將 9 世紀主要的分

裂趨勢予以終結，已經不僅是一種理念，而且是必須的，如果戰爭永不停止的話。10 世紀的文、武系統正是以這個目標來重構的，尤其是在北中國。且在有游牧民族極大入侵之險的邊鎮地區獲得相對成功，最終促使這些北方王朝能夠重新統一以前唐朝在西部和南部的大部分疆土。向中央集權努力的前 60 年之旅程則構成了本書的主題。

在準備這第二版時，我曾斟酌是否吸收新進的研究來修訂此書。有的新成果集中探討了持續不斷的戰爭對經濟的影響，以及一些顯著的社會變化；也有一些研究揭示了唐代的精英群體，潛流般地延續於干戈擾攘之際，並以「天下」建設者的身份重新現身於宋代；其他的一些研究則強調了這個分裂年代的文學、藝術成就，以及科技和貿易上的創新。但與中國史上的其他偉大時代相比，五代時期仍未引起多少關注。大多數中國史家對於分裂的亂局都有一種天然的不耐煩。這與歐洲史家讚美差異的傾向形成鮮明對比。當歐洲史學作品聚焦於近五個世紀內眾多形成中的民族國家之時，中國史家更傾向於認為，在「天下」一統的語境之內，才能更好地理解中國歷史。對於他們大多數人，亦即對於大多數中國的軍事、政治統治者來說，解決分裂畸態的唯一正確出路就是盡快結束它，以開啟更重要的事業。

我一直留意於本書問世四十年以來刊布的有關五代時期的專著和論文，對於這一時期的政治史，並無新的史料。儘管有些努力重新檢討這一時期發生的結構和制度變遷，但並無論著能夠反駁本書的主要觀點。所以我決定對最初研究的要旨一仍其舊，僅對其中一部分略事修訂，以使其更具可讀性。基於同樣的理由，我還刪掉了某些技術性的材料和一些在當時看起來必需的注釋。

中國人所關注的統一正在發生變化，但這些變化令中國的處境在當代世界中是否更加安全，則尚不明朗。代表著中國人自己所界定之文明國度的統一「天下」是一回事，在近現代列強陰影下形成的統一民族國家則是另一回事。作為「天下」，對於那些不準備參與其中的周邊民族是沒有威脅的。這一點值得中國無論如何都要捍衛，因為它自視為一種仁慈和先進生活方式的代表。歷史上，他們並不尊重輪番出現在其所處世界周邊的游牧部落；在關於這些族群的史傳中，基本不把他們描繪為溫柔敦厚者。中國人與他們的鄰居進行著貿易，也總是，甚至用心良苦地規勸他們接受中國的價值觀。但中國人安於相信，中國核心部分要安全的唯一方式，就是中央集權式的統一；且

他們的歷史總是強調這個觀念，使得所有那些想分裂如此一個中國的人都會迴避。在那樣一種語境中，本書中提及的大量無名或略有名氣的官吏，都為統一貢獻了點滴力量，皆可在歷史上佔有一席之地。迄今寫就的中國史仍痛惜於五代的分裂，本項關於為重新統一做出準備的研究，則揭示了那些不得不生活於中國歷史上分裂最嚴重的數十年之中的人們之行為。〔註13〕

王賡武在《中譯本序》（寫於 2013 年 5 月 4 日新加坡）中說：

我很高興看到胡耀飛等先生完成的這項工作，他們很好地翻譯了我的書——《五代時期北方中國的權力結構》。胡耀飛曾向我徵詢，我鼓勵他使用 50 年前出版的 1963 年原版。那個版本更為細緻，且包含更豐富的參考文獻，我認為更適合以此面世。出版社問我能否另擬一篇譯文序文？我想首先得讚揚胡耀飛等先生翻譯工作的細心認真。其次，關於數年前我修訂舊稿子的一些想法，已見於 2007 年版前言，它反映了我的一種期待，即希望有關於我所謂「五代世紀」（the Wudai Century）的更多研究，因為這是中國歷史上最具轉折性意義的時代。〔註14〕

譯者在《譯後記》（2011 年 4 月 16 日初稿、2014 年 3 月 12 日修訂）中寫道：

蒙此書作者王賡武先生厚意，由我們承擔翻譯的這部名著，終於可以和中文世界的讀者見面了。在本書即將付梓之際，理應向讀者介紹我們對該書學術價值的認知，王賡武先生的五代史研究貢獻，以及具體翻譯的一些情況。

1963 年，馬來亞大學出版社（University of Malaya Press）出版了時任該校歷史系講師的王賡武先生所著的 Structure of Power in North China during the Five Dynasty）一書，內容是他 1957 年在英國倫敦大學所撰寫的博士學位論文。時隔 40 多年後的 2007 年，已是新加坡著名華裔漢學家的王賡武先生應學生們學習歷史的需要在世界科技出版公司（World Scientific Publishing Co.）再版了此書，並改題為 Divided China Preparing for Reunification：883～947.對比 1963 年版，2007 年版在內容上並無大變化，僅部分語句稍作通順，冗繁的注釋稍作刪

〔註13〕 王賡武《2007 年版序》，王賡武著、胡耀飛、尹承譯《五代時期北方中國的權力結構》第 1～5 頁，上海世紀出版集團中西書局 2014 年 4 月第 1 版第 1 次印刷。

〔註14〕 王賡武《中譯本序》，王賡武著、胡耀飛、尹承譯《五代時期北方中國的權力結構》第 1 頁，上海世紀出版集團中西書局 2014 年 4 月第 1 版第 1 次印刷。

減，注釋由每頁腳注改為每章尾注，並添加一篇由作者執筆的再版前言，對其當初撰寫此書的緣由以及此書所要揭示的中國人對「天下」的理解作了介紹。

根據再版前言，王賡武先生對五代歷史的興趣源於 20 世紀上半葉中國大陸的軍閥割據。他早年頗為關注晚清已降的志士仁人痛心疾首於國家的分裂，即使赴湯蹈火也要再造統一的努力。也正如此，本書才改為 Divided China Preparing for Reunification。當然，把民國時期的軍閥割據與晚唐五代的政治情勢作對比，時人楊蔭杭（1878～1945）即意識到這一點，並體現在他的時論文章裏。然而由這一認識深入到對晚唐五代政治史的研究，則非王賡武先生莫屬。雖然在此書之前，學界對晚唐五代的研究也有一些，但其內容基本不超過對政治形勢的粗略描述和對軍閥黑暗統治的強烈鞭笞。

該書 1963 年出版後，中國大陸以外漢學界至少有 16 篇書評發表，從而使得此書的觀點在此後海外學界的許多研究中被提及。

（中文版的書評有兩篇：邢義田《試評〈五代時期中國北部政權之權力結構〉》，《史原》第 2 期，1971 年 10 月；黃啟江：《王著五代時期北中國的權力結構評介》，《食貨月刊》第 8 卷第 1 期，1977 年 4 月，第 37～39 頁。）

16 篇書評，其中一些僅能算是新書介紹，但都或多或少有助於我們瞭解王賡武先生在五代史方面的成就。然而這些書評散見各處，讀者或一時難以周覽，所以我們略事收集，結合各家評議，對該書的優勝與不足之處稍作指陳。

通過對此書的閱讀，我們能夠看到王賡武先生的五代史研究，其所展現給學界的面貌之細緻，甚至會造成閱讀困難。如艾伯華先生所言，這項研究包含了大量人名，且變幻無窮，使人不易讀順（艾文第 499 頁）。另外也導致離題，如許倬雲先生所云，此書對歷史事件的敘述十分細緻，不免使人偏離作者所要表達的主要觀點（許文 242 頁）。不過，也正是在這種瑣碎考證的基礎上，才能得出無限接近於歷史事實的結論。所以，當書評者們給此書提出諸多改進意見時，也不得不首先肯定其論述之工。在邢義田先生的書評中，提到了王先生的著作並未參考相關的幾種已有論文，如王伊同《五季兵禍輯錄》、聶家裕《五代人民的逃亡》、傅樂成《沙陀之漢化》、楊中一《唐代的賤民》和《官戶的異義》等（邢文 117 頁），不過這些都只能對王著進行其他方面的補充，並不能完全否定作者在論述方面的詳證本身。甚至邢先生所提到的傅樂成先生之文初發表於 1965 年 12 月的《華岡學報》第二期，這已經是

王著成書之後兩年的事情，頗不能以此責王先生之失察。另外，邢先生說王著在參考論文中僅提及「陳寅恪、周連寬、全漢昇三位作者的兩篇文章和兩本書」（邢文 117 頁），事實上在參考文獻中還有顧頡剛、史念海二位先生合撰之《中國疆域沿革史》一書（原書 226 頁）。

關於王著的優點，諸家書評已經詳細地予以揭示：

首先，該書是西文學界第一次系統地對唐宋變革期的五代歷史進行研究的著作。正如芮沃壽、陶德文所言，由內藤湖南先生所開創的唐宋變革說，在戰後二十年的研究重心，依然在日本學界，特別是周藤吉之先生做了大量工作。（這點也可以從王著的參考論著中得到證明，相比於所參考的 18 種西文論著，日文論著也參考了有 15 種，可謂不相上下。）因此，芮沃壽先生說道，作者此書是西方學界第一部關於此時段的研究，具有無可比擬的重要性（芮文 471 頁）。相比於艾伯華先生所提到的 Otto Franke 先生所著 Geschichte des chinesischen Reiches 一書之第 2、3 和 4 章（艾文 498 頁），王著雖然並未關注契丹，但以一書之篇幅對五代「正統」王朝進行關注，實屬首次。

其次，本書的詳細考證頗見作者之功力，雖然如上所述，會被詬病為難以卒讀，但卻能使該書永存其史學價值。邢義田先生認為，「這本書取材豐富，動用了大量的原始史料，還有國內、外學者的研究成績。從所附數據說明，以及若干附注中可以看出作者對史料考訂，也很下工夫，而附注中也常有精彩的見解」。（邢文 116 頁）魯惟一先生也認為，此書的處理很細緻，作者更期待滿足專門治此段歷史的學者，而非普通的歷史學家（魯文 813 頁）。黃啟江先生也說道：「其中既無架空的理論，也無輕率、多餘的陳述。」（黃文 40 頁）可惜，長期以來本書的詳細考證並未能夠如作者所期待的那樣，得到後來史家的重視。

第三，本書在諸多方面對其他學者的觀點提出了商榷意見。許多書評都提到這點，僅舉邢義田先生所言，王著在附注中精彩地「批評艾伯華（W.Eberhard）著：《征服者與統治者》（Conquerors and Rulers: Social Forces in Medieval China,Leiden, 1952）一書（見：頁 3，頁 100）；批評傳統學者對唐代宦官被殺以及對崔胤的評論（見：頁 87）等」。另外，該書對周連寬以《桂苑筆耕集》為高駢翻案提出批評，邏輯嚴密，即使單獨拿出該注，也是一篇很好的學術駁議文字。（原書 24～25 頁）雖然對於觀點的討論，後來學者會

有更加深入的分析，但在這裡卻能說明該書並非簡單地承襲舊說，人云亦云。

最後，關於本書對所研究之時間段的劃分。就全書而言，作者把時間設定在 884～947 這六十多年間，已經顯示出其特殊的時間觀念。黃啟江先生也提及，楊聯陞先生認為：「一個朝代或於建國稱號前已存在，討論小朝代必須注意到它與前朝內在、外在的重疊部分。」不僅如此，在王著的章節分配中，更未嚴格遵守五代小朝廷的終始時間，而是根據他所認定的歷史演進階段來進行敘述。如第二章關於武人節度使與唐廷的論述以 904 年為終點，蓋因 904 年時唐廷已經完全掌握在朱溫手中；又如第四、五章關於唐朝復興的論述以 926 年為終點，亦因 926 年後唐莊宗被弒之後，唐朝之復興實際已經停止之故；而第七章關於新權力結構的出現以 947 年為終點，也是因為雖然這時候遭到了契丹的入侵，但是新權力結構已然形成，故而後漢、後周以及北宋初年的情況已經無須多費筆墨。

當然，也正如諸家書評所指出的，王著所存在的有待提高之處也很多：

首先，芮沃壽先生提到，也許加上對地形、文化等因素之差異影響不同地區歷史發展這樣的分析，會更有幫助（芮文 472 頁）。邢義田也認為：「我們讀完該書以後，覺得作者是將當時權力結構的問題，從整個歷史脈絡中抽離出來，單獨加以分析。而當時社會、經濟以及外界環境對中國北部權力結構可能有的影響，作者沒有適當地注意到。」（邢文 116 頁）

其次，如艾伯華先生所指出的那樣，在很多情況下，作者僅知此事發生，而不知其所以然（艾文 499 頁）。當然，並非完全沒有原因解釋，但至少解釋得不夠。這點在邢義田先生的書評中有更詳細的舉例證明，如「作者提到五代邊區節度使力量衰落的原因時，認為過去節度使可以從地方豪強大族獲得支持，後來由於獨立刺史的出現，分削了那些支持節度使豪強大族的數目（頁133～134），這個問題如果從社會、經濟的角度看也許更佳」（邢文 117 頁）；再如「作者談到劉知遠興起的原因，認為是由於劉知遠擁有當時唯一一支可以威脅契丹的軍隊並且是禁軍唯一的領袖（頁194），評者認為當時夷夏觀念的日益深刻也可以幫助說明」（邢文 117 頁）。

第三，不得不提到一個重要的方面，即對當時官名的理解與翻譯。黃啟江先生提到：「至於作者立論所根據的各種人物之職稱，與其實際職責或權力，容或有差距，但也難以究詰。」（黃文 40 頁）雖說如此，我們不可避免會在閱讀本書英文原文的過程中遇到大量的官名翻譯問題，並由此而影響到讀者

對具體官名的理解。當然，這也確實「難以究詰」，在王賡武先生寫作的時代，即便是直到今天，也並無一本能夠囊括整個唐五代時期官名之英譯的專門詞典。因此，這也為我們重新審視此書的相關論點提供了空間。

最後，王著也不可避免地陷入過於專注五代的局面。艾伯華先生之所以提及 Otto Franke 先生的著作，即在於提示讀者，王著並未關注契丹的情況。另外。牟復禮先生也認為，也許此書缺少一個整體的討論，特別是在宏觀考察中國歷史的角度下（牟文 467 頁）。當然，對於一篇博士論文來說，想要在「專」的基礎上繼續「博」下去。不是短時間內能夠達到的。或許，也正是出於這個關照整個中國史的考慮，才使得王賡武先生在完成關於五代史的研究之後，轉而從事其他地區史和斷代史的研究吧。可惜傅海波先生所期待的王賡武先生身為「a leading scholar in the tenth century history」，希望其繼續對五代十國進行深入研究的願望（傅文 430 頁）並未遂願。

除了本書，王賡武先生在五代史方面的成就，還體現在單篇論文方面，即：《〈舊五代史〉及五代時期的歷史撰寫》、《馮道——論儒家的忠君思想》二文。前一文於 1957 年以英文發表於 Asia Major；後一文亦以英文收入 1962 年出版的由芮沃壽（Arthur F.Wright，1913～1976）、杜希德（Denis Twitchett，1925～2006）兩位美國漢學家主編的 Confucian Personalities 一書中。這兩篇論文，已經被翻譯成中文，收錄於《王賡武自選集》中。而從王先生 1957 年於倫敦大學畢業到本書出版的 1963 年，其學術主攻方向早已移向了東南亞華人研究領域。所以我們對王先生關於五代史研究的成就，也只能以這三者來進行分析。

關於《舊五代史》的論文可以算作王先生為撰寫博士論文而準備的前期史料工作，然後敷演而成文，並在其博士論文中得到了引用。這篇關於《舊五代史》和五代時期實錄修撰的文章，其價值當與博士論文不相上下。後來的史家在關注五代史料的時候，此文是最為重要的參考資料。1987 年出版的郭武雄先生的《五代史料探源》即是在此文基礎上展開的研究，且郭書關於五代實錄修撰的論述範圍，除了在考證卷數方面確證了宋初 360 卷之數實有其事，頗有開創之功外，其餘皆可本源至王著。

關於馮道的文章，王賡武先生的著眼點在於提示讀者要從五代時期的歷史環境來看待馮道的所作所為，故而在指責歐陽修等人的偏激看法時，也對

馮道的一些行為予以批評。這篇文章，單純從內容上來看，確實與他的博士論文所論並無大的關聯。但王赓武先生的目的顯然不在於馮道本人，而是他所處的時代。因此，如果說他的博士論文是為了讓人重視唐末五代在唐宋之際的權力結構之變化中所起到的重要作用的話，那麼這篇關於馮道的文章就是從個案來揭示五代時期的現實，而不要被宋人的五代觀所左右。關於對馮道的評價，從歐陽修以來，一直是一個爭議不斷的話題，而王赓武先生的文章，則幾乎是第一篇站在現代學術的立場上進行分析的文章，故而頗有開創之功。然而，受到語言的限制，中文學界對此文的關注並不多。

另外，《王赓武自選集》中還有關於離五代很近之宋初的論文《小帝國的辭令：宋代與其鄰國的早期關係》一文，但作為 1983 年發表的古代東亞國際關係方面的文章，只能屬於另一種學術興趣，可與此書中的另一篇文章《永樂年間（1402～1424）中國的海上世界》相對讀。

總之，我們可以發現，因有感於民國初年軍閥割據給國家帶來的深重災難，王赓武先生選擇了五代史作為博士論文的方向。雖然寫出了並未能夠在文字上吸引西方讀者的論著，但卻能夠給我們對五代史的研究提供繼續深入的啟發意義。通過結合唐宋變革論，王著深入分析了唐末五代中國北方地區的權力結構之轉變，雖然並未能夠全面地與社會、經濟、軍事地理環境等方面的歷史條件相呼應，卻也展現了一幅精彩的歷史畫卷。而其詳實的注釋和關於五代史料的單篇論文，更是為後來者貢獻了豐富的學術成果。另外，通過本書和《馮道》一文，王先生對五代史的開拓之功，也確實引起了學者們對於五代這一時期的重新思考。

基於上文的論述，筆者深感翻譯此書之必要性。因此，2010 年 3 月在獲得了王赓武先生的慨允之後，我們便於當年暑假正式動筆。此前，我們兩位譯者出於對王先生論著的喜好，已經各自不約而同地翻譯了小部分章節。故而，我們能夠在此基礎上，集中精力，於當年 9 月底 10 月初全部定稿。在對本書進行翻譯的分工方面，胡耀飛初譯了除 2007 年版序言和第四章外的大部分內容，並校改了第四章初譯稿；尹承初譯了 2007 年版序言、第一、二章部分注腳和第四章，並校改了全部初譯稿，校改後由二人商酌定稿。2011 年初、2012 年夏，我們又根據出版要求，進行了必要的修改，並解決了英文地圖的轉譯、日本的修正。此後，出版經歷了一番曲折，最後承蒙中西書局接納拙

譯。我們又於 2013 年暮春，再次對譯稿進行了最終的確定。

　　本書的翻譯，首先得到了王賡武先生的大力支持，並在正式出版前慨賜小序。隨後，在所參考的相關書評之收集方面，得到了留學美國的劉溫克同學，以及 Hobart and William Smith Colleges 亞洲語言及文化系教授黃啟江先生之襄助，也承蒙臺灣大學歷史系《史原》雜誌編輯部慨允，提供邢義田先生之書評的掃描文件。邢義田和黃啟江先生最早向中文學界譯介王賡武先生的五代史著作，有篳路藍縷之功，對我們的翻譯幫助甚大。另外，山東大學歷史文化學院副教授孫一萍女史幫助解決了相關的法文翻譯難題，陝西師範大學講師聶順新博士為我們提供了一些原書所涉及的日本論著，北京大學歷史系博士生史宏飛在英文地圖轉換為中文地圖這一技術操作上提供了援助。我們二人各自的碩士生導師陝西師範大學杜文玉教授和山東大學王育濟教授也都一直關注該書的翻譯。中西書局李碧妍女史諳於藩鎮研究，是非常適合的編輯人選，為出版工作出力甚多。此外，復旦大學漢唐文獻工作室助理研究員仇鹿鳴博士在 2014 年寒假就譯稿提出了許多有用的修改意見，十分受益。

　　謹向上述師友表達我們誠摯的謝意！也感謝數年來關心書稿翻譯和出版事宜的諸位師友！至於譯稿的不完善之處，應當完全歸咎於我們的失誤，尚祈讀者諒察與批評！〔註 15〕

　　譯者在 2014 年 3 月 12 日補記道：

　　王賡武先生在 2007 年再版此書後，學界又有兩篇針對 2007 年版的書序，但譯者針對 1963 年版的譯後記早已定稿，2007 年版的書評不便加入討論。（筆者按：這裡僅摘錄中文的一篇：盛思鑫：《大一統思想與意識形態結構——評〈分裂的中國：邁向統一的 883〜947〉》，共識網，2011 年 11 月 14 日發布。）

　　此外，新浪博客上另有一篇署名「何蘇綸濤」的網友所撰寫的讀後感《和諧世界》，也是針對 2007 年版的書評，內容不多，文末所署寫作時間在 2009 年 10 月 7 日，似未正式發表。讀者若有興趣，亦可搜索。〔註 16〕

〔註 15〕《譯後記》，王賡武著、胡耀飛、尹承譯《五代時期北方中國的權力結構》第
　　　　240〜249 頁，上海世紀出版集團中西書局 2014 年 4 月第 1 版第 1 次印刷。
〔註 16〕《譯後記》，王賡武著、胡耀飛、尹承譯《五代時期北方中國的權力結構》第
　　　　250〜251 頁，上海世紀出版集團中西書局 2014 年 4 月第 1 版第 1 次印刷。

上圖圖書為筆者 2015 年購自亞馬遜

7.《華人與中國——王賡武自選集》，王賡武著，世紀出版集團、上海
人民出版社出版 2013 年 6 月第 1 版第 1 次印刷。

這是「學人名家自選集」中的一本。目錄如下：

王賡武：關注海內外華人的憂患與命運（代序）

中國：文明與民族

中國之好古

中國歷史上的權力、權利和義務

中國文明與文化傳播

中國社會中的學者：歷史背景

文明、皇朝與民族國家：中國的轉型

國旗、火焰和灰燼：散居族裔文化

中國與外部世界

小帝國的辭令：宋代與其鄰國的早期關係

《舊五代史》及五代時期的歷史撰寫

馮道——論儒學的忠君思想

永樂年間（1402～1424）中國的海上世界

越洋尋求空間：中國的移民

移民地位

移民及其敵人

中國移民形態的若干歷史分析

移民地位的提升：既不是華僑，也不是華人

海外華人貢獻以經濟為首

東南亞華人的身份認同之研究

東南亞華人與中國發展

中國情結：華化、同化與異化

附錄

《中國社會科學報》對王賡武的訪談錄

王賡武：海外華人研究的奠基人和開拓者

《泰州日報》記者袁曉慶對王賡武的訪談錄

主要著作目錄

上圖圖書為筆者 2008 年購自亞馬遜

8.《王賡武自選集》，王賡武著，上海世紀出版集團、上海教育出版社
　出版發行，2002 年 6 月第一版第一次印刷。

這是「學人文叢」的一本，由許紀霖策劃。目錄如下：

中國文明與文化傳播

中國之好古

中國文明與文化傳播

中國社會中的學者：歷史背景

早期中國與外部世界

小帝國的辭令：宋代與其鄰國的早期關係

《舊五代史》及五代時期的歷史撰寫

馮道──論儒家的忠君思想

永樂年間（1402～1424）中國的海上世界

移民及其敵人

移民及其敵人

中國移民形態的若干歷史分析

移民地位的提升：既不是華僑，也不是華人

東南亞華人

海外華人貢獻以經濟為首

華人、華僑與東南亞

東南亞華人的身份認同之研究

東南亞華人與中國發展

民族主義與儒家

民族主義與儒家學說

海外華人的民族主義

主要著作目錄

上圖圖書為汕頭大學藏書

9.《東南亞與華人──王賡武教授論文集》，王賡武著、姚楠編譯，中
　　國友誼出版公司出版 1987 年 7 月第 1 版第 1 次印刷。

目錄如下：

著者自序

編者序

明初與東南亞的關係──背景論述

中國與東南亞　1402～1424 年

中國與馬六甲關係的開端　1403～1405 年

馬六甲最早的三位君主

《海國聞見錄》中的「無來由」

「華僑」一詞起源詮釋

南洋華人民族主義的限度　1912～1937 年

馬來亞華人的政治

東南亞的華人少數民族

中國與東南亞：華人少數民族的問題

中國歷史著作中的東南亞華僑

作為新政策範圍的外中國

王賡武在《著者自序》（1986 年 3 月 18 日堪培拉澳大利亞國立大學）中
寫道：

　　我最初學習星馬華人史，得到陳育崧、許雲樵兩位老前輩的幫助和鼓勵。
因此，我對他們是十分尊敬和感激的。他們不僅借書給我看，還常講述星馬
南洋研究的由來，即南洋學會的成立，《南洋學報》的創辦，證明華人學者不
管在任何不利的環境下都是好學的。這當時就給我很大的啟發。又記得他們
讚揚幾位中國學者，其中最有學問之一就是姚楠先生。我看過他的書和文章，
印象很深，但是沒有想到三十多年後會在中國見面，更沒有想到姚先生這位
學識淵博的老前輩會將我這幾篇文章編譯成一本集子。他的熱情和誠意，真
使我感佩。

　　這十二篇文章是在不同時間和不同地方寫的。寫前五篇的時候，我還在
吉隆坡馬來亞大學，而後七篇則是我遷到堪培拉澳大利亞國立大學寫的。最
早一篇（1961 年寫完）和最後一篇（1984 年脫稿）相距時間二十三年，又馬

來西亞和澳大利亞兩地環境完全不相同，所以幾篇文章的內容和觀點不免會受影響，甚至於有牴觸處。照理講，我是應該在譯書前將文章予以修改。但是，因為正在做些別的研究，又忙著新的任務，結果只能留下原文。因為時移世換而犯的錯誤，請大家一方面諒解，一方面加以批評。

最後，我一生愛讀書的習慣，是先父給我養成的。我欣賞中華文化給世界文明的偉大貢獻，又酷愛中華四千年以上的歷史，也是先父從小就給我薰陶出來的。因此，我將這本集子獻給先父，以紀念他生前對我的期望。〔註17〕

姚楠（梓良）在《編者序》（1986 年 4 月於上海）中寫道：

我知道王賡武教授的大名已久，那是因為他在 1958 年繼許雲樵教授任新加坡南洋學會《南洋學報》主編。許先生在學報第十三卷第二輯的「編校余審」中介紹王先生說：「下年王賡武博士將主持學報的編輯，王博士年少英俊，學貫中西，現執教馬大（馬來亞大學），對南洋史的研究，造詣極深，我深為學報慶幸。」我雖早已回國，但作為南洋學會創始人之一，對此當然是注意的，而且對王先生的學問，心嚮往之，然而二十餘年來，竟未能與王先生謀一面。

1984 年春，賡武先生應中國社會科學院邀請，來華訪問，我適在北京參加華僑歷史學會舉辦的學術討論會。通過南亞研究所陳立貴先生的介紹和安排，王先生剛下飛機，知道我當晚即將離京，便馬上到我的寓所，接我到他居住的賓館，交談一小時，可謂三生有幸。當時我已拜讀過王先生的大作《民族集團與國家——東南亞華人論文集》（Community and Nation, Essays on Southeast Asia and the Chinese），原書為英文版，列入澳大利亞亞洲學會東南亞叢書，在新加坡印刷出版。我深深感到王先生的立論確有其獨到之處，而且正如許雲樵先生所云，他學貫中西，對南洋史的研究造詣極深，因此同王先生商量，可否把這些論文譯成中文，在國內出版。蒙王先生首肯，並商定由我與他研究選擇幾篇，增補幾篇，另出中文本選集。後經我在國內聯繫，中國友誼出版公司欣然同意出版。從我知道王先生大名到本書出版，歷時將近三十年，不可謂非一段翰墨因緣。

本書收集王教授的論文共十二篇，論述中國與東南亞關係史的五篇，論

〔註17〕王賡武《著者自序》，王賡武著、姚楠編譯《東南亞與華人——王賡武教授論文集》第 2～3 頁，中國友誼出版公司 1987 年 7 月第 1 版第 1 次印刷。

述東南亞華人的七篇。我初步選擇後，均由王先生核定，然後組譯。譯稿由我統校處理後，仍請王先生審閱改正。參加翻譯工作的有錢江、張勁草、徐鈞堯、傅念祖、姚嬫嬫與王淼等。另有《中國與東南亞 1402～1424 年》一篇，曾由遲越譯載南開大學歷史系主編的《南開史學》1982 年第 1 期；《東南亞的華人少數民族》一文，由蔡仁龍譯，蔡壽康校；《中國歷史著作中的東南亞華僑》一文，由蔡壽康、陳大冰譯、韓振華校，這兩篇文章分別刊登在廈門大學南洋研究所主編的《南洋資料譯叢》1981 年第 1 期和 1982 年第 2 期。這些已經發表的論文也都由我重新校閱。因此，凡有錯誤或疏漏之外，均應由我負責。

　　賡武先生學問淵博，令人欽佩。他的幾篇有關中國與東南亞關係史的論文，引經據典，考核周詳，洵為傳世之作，另外幾篇論述東南亞華人的文章，則有精闢的獨創見解，對國內學者尤多啟發。在這方面，讀者閱讀全書後，定會有公正的評價，無須我多說。我想提一下的，倒是翻譯方面的問題。我在別處曾經引用過魯迅先生的話：「我向來總以為翻譯比創作容易，因為至少是無須構想。但到真的一譯，就會遇著難關，譬如一個名詞或動詞，寫不出，創作時候可以迴避，翻譯上卻不成，也還得想，一直弄到頭昏眼花，好像在腦子裏摸一個急於要開箱子的鑰匙，卻沒有」（見魯迅：《且介亭雜文・題未定草》。在校閱賡武先生論文中譯本的過程中，我對於自己那種「翻譯不見得易於創作」的想法，進一步為事實所證明，倒並非因為我畢生對東南亞研究是譯述多而寫作少，因而自我解嘲。正因為賡武先生博古通今，他的著述學術性強，引用書刊多，翻譯難度也就高。據譯者對我說，有時要查閱一個姓名、一本著作、一段引文，就得花幾天工夫。我在校閱時也深有同感。幸蒙王先生最後審讀了一遍，否則必定還有不少錯誤，貽誤讀者。在此，我謹向譯者致敬，向王先生致謝。

　　本書殺青之日，正逢賡武先生即將榮任香港大學校長之時，謹以奉獻，作為紀念，並衷心希望他寫出更多佳作，嘉惠學子。〔註18〕

〔註18〕姚楠《編者序》，王賡武著、姚楠編譯《東南亞與華人——王賡武教授論文集》第 4～6 頁，中國友誼出版公司 1987 年 7 月第 1 版第 1 次印刷。

境外

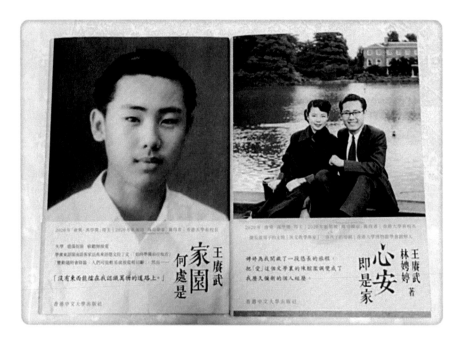

上圖圖書為朋友 2021 年 3 月寄贈筆者

1. 《家園何處是》，王賡武著、林紋沛譯，中文版由香港中文大學出版
   社 2020 出版（英文版由新加坡國立大學出版社出版）。

目錄如下：

敘說緣起

第一部　我的小小世界

　　　　從泗水到怡保

　　　　從綠城開啟的世界

　　　　中國的滋味

　　　　帝國終結、另闢天地

　　　　母親的回憶

第二部　學習漫遊

　　　　戰火延燒至馬來亞

　　　　小城男孩

　　　　另一種學習

　　　　新規則

　王賡武在《敘說緣起》前面幾段中這樣說：

　幾年以前，我開始為孩子們寫下我在怡保成長的故事。我知道這也是為了我自己而寫，因為過程中我努力回想父母當年的樣子。我和父母同住一城的歲月，除開 1948 年間的九個月，只有孩提時代到十九歲為止。我覺得應該告訴孩子，離家前我的世界有多不一樣，好讓他們瞭解身為孩子的他們而言，有什麼變了，以及對身為父母的我們而言，又有什麼變了。內人聘婷（Margaret）知道我的故事，也贊成我應該趁著力所能及把故事講出來。

　　之所以決定出版這個故事，是因為有一次我在新加坡碰到一群文史工作者，他們讓我更加意識到過往歷史裏的個人層面。我大半輩子都在研究歷史，覺得過往十分迷人。我想要為自己，也為那些和我同樣渴求知識的人們剖析世間萬物的道理，然而我感興趣的道理總是如此宏大，甚至令人生畏。即使讀到王侯將相和市井小民的人生，我看待他們時也保持批判的距離，希望從中學得更大的教訓。隨著時光流逝，我終於瞭解自己對過去的理解多麼片面：我的研究理路主要依循歐洲歷史學，也有儒家修身背景賦予的一些要素。

　　這些從事文史工作的朋友提醒了我，我們誇誇談論歷史的重要性時，其實無感於親身經歷某段歷史時期的人們有什麼感覺、有什麼想法。我們往往

訴諸文獻，試圖以此捕捉苦與樂的時刻，儘管這有助我們想像他人過往的片段，但我們太缺乏人們實際經歷的故事。關注地方文史遺產是第一步，鼓勵大家分享人生或許可以是下一步。我開始覺得，也許家族外的人也會對我為孩子寫下的故事感興趣。因此我著手完成故事，寫到 1949 年離開怡保赴新加坡，就讀新成立的馬來亞大學為止。在那之後，我的父母移居吉隆坡，再也沒有回怡保。為了讓這個故事適合更廣大的讀者群，我竭盡所能地修改並補充故事的各個篇章。〔註 19〕

2.《心安即是家》，王賡武、林聘婷著、夏沛然譯，中文版由香港中文大學出版社 2020 出版（英文版由新加坡國立大學出版社出版）。

目錄如下：

家園何處

第一部　入鄉問俗

　　　　安全著陸

　　　　新來乍到

　　　　誰的文學？

　　　　詩歌創作

　　　　書山有路

　　　　馬尼拉的警訊

第二部　我的新思維

　　　　什麼是民族國家

　　　　新加坡殖民地

　　　　政治教育

第三部　喜結良緣

　　　　初識聘婷

　　　　媽媽童懿和

　　　　爸爸林德翰

　　　　重新認識

第四部　雙重視野

〔註 19〕《敘說緣起》，王賡武著、林紋沛譯《家園何處是》第 vii-viii，中文版由香港中文大學 2020 出版。

該書在卷首寫道：

紀念在 2020 年 8 月 7 日離去的聘婷，懷念我們在新加坡和吉隆坡的馬來亞大學二十年的生活以及幫助我們找到家園的所有朋友和同事。

王賡武在正文之前的《家園何處》中寫道：

在我的成長時期，心目中的家園就是中國，我的父母來自那裡，我們最終也要回到那裡去。父母在我十六歲時真的帶著我回去了，可是他們自己沒有定居下來，只讓我留在南京的國立中央大學上學。一年之後，人民解放軍即將攻入南京，他們叫我回到馬來亞家裏。我的上一本書《家園何處是》（2020；英文版 2018 年出版）就寫到這裡為止。我父母回歸家鄉的美夢終究破滅了。他們心目中的中國即將在經受革命的洗禮之後變得物是人非；他們從此放棄了回歸故園的夢想。

英國建立的馬來亞聯邦變成了由馬來各州組成的馬來亞聯合邦，受英國保護。馬來亞共產黨為了對抗英國殖民統治，解放馬來亞，組成了馬來亞民族解放軍，這促使聯合邦宣布「緊急狀態」。我的父親自認有責任提高華人的教育水平，並認為當地的華人族裔應該置身中國政治之外。看起來他已經決定從此留在馬來亞，並要求我開始自己的新生活。

1949 年，我大半時間都在做準備。那是孤單寂寞的一段時間。我小時候的玩伴都去了吉隆坡，我學校裏的好友去了新加坡，在萊佛士學院和愛德華七世醫學院上學。我希望回大學繼續讀書，所以當愛德華七世醫學院與萊佛士學院宣布將合併成為馬來亞大學時，父親認為我可以憑著我的劍橋畢業文憑入學。可是他又擔心我因為不是本土出生的華人而遭到拒絕，於是安排我按照規定入籍成為馬來亞本地公民。當時父親和我都沒有意識到這一點，但是我在走出這一步之後，就一直認為，家鄉與國家是密切相關的，儘管那個國家當時還沒有誕生。

　　寫到這裡，我想起內人林聘婷曾經把她的故事寫出來給子女們看過。我於是問她，是否願意把她的一部分回憶放進我的書裏，使得書中我們共同生活的部分更為豐富多彩。我感謝她欣然表示同意。〔註20〕

上圖圖書為筆者 2008 年通過臺灣網購

　　3.《離別鄉土　境外看中華》，王賡武著，中央研究院歷史研究所發行，2007 年 9 月出版。

目錄如下：

第一講　五四以前的正統與鄉俗文化

第二講　辛亥以後的民族國家

第三講　終而復始：全球化的中國歷史

　　這是傅斯年講座 2005。王賡武院士的三場演講分別於 2005 年 12 月 5 日、7 日、9 日舉行。由潘志群先生根據錄音整理，何漢威教授校閱。〔註21〕

〔註20〕《家園何處》，王賡武、林聘婷著、夏沛然譯《心安即是家》xi～xii，中文版由香港中文大學出版社 2020 出版。

〔註21〕王賡武著《離別鄉土　境外看中華》第 86 頁，中央研究院歷史研究所發行，2007 年 9 月出版。

上圖圖書為筆者 2008 年通過臺灣網購

4.《南洋華人簡史》，王賡武著，張奕善譯注，水牛圖書出版事業有限
公司 2002 年 4 月第 3 版第 1 刷。

目錄如下：

　　張奕善 1963 年臺灣大學歷史研究所畢業，曾任臺大歷史系教授，著有
《明代中國與馬來亞的關係》、《東南亞史研究論集》，譯有《東南亞洲史》、
《近代馬來亞華人》、《東南亞史導論》、《南洋華人簡史》等書。〔註 22〕他在
《校訂贅言》（2001 年 6 月）中指出：

　　王賡武教授的《南洋華人簡史》，是 1958 年馬來西亞沙撈越電臺一系列
英語廣播稿。譯成中文後不過 12000 字，於是就平日閱讀所及，採取相關文
獻，綴集十萬多字的注釋補全正文，誰知竟可蔚然成冊。溯及 1969 年付梓以
還，迄今已告三十多載矣！

　　王教授僑生於印尼泗水，學貫中西。其廣播稿使用具有古意的「南洋」
為詞彙，標明今日的「東南亞」，隱示封建中國文化的影響力。不惟如此，本
身所擁有時、空成長的背景，與抱持南洋華人的情懷來撰述海外華人史，毋
寧是很鞭闢入裏的；以致於有大漢主義、殖民主義、種族主義心態者，在視
野上、聚焦點均大異其趣。

　　悠悠三十多年後，國際大環境已走出意識形態的陰影，海外華人在當地
的國籍屬性大致定位，但權利與義務劃上等號，尚遙遙無期，種族主義者的
激情突發猶如不定時的炸彈，一旦迸發排華悲劇，生命、財產瞬間蕩然。1997
年印尼的排華，除了香港華人大聲譴責之外，海峽兩岸噤聲如寒蟬，救濟的
措施緩不濟急，洵之藉此發國難財的超收機票價錢。誠然說明了海外華人心
嚮明月，奈何明月照溝渠。

　　僑務改策不務實，向來的國慶日，海峽兩岸誇大四海歸心的假象很虛幻。
務實之道莫過於僑教，大力支持華人集資辦理的華文學校，無論是硬體或軟
體，切實培植新生一代的競爭能力，迎合知識經濟發展的時代，勁強的經濟
實力在政壇上發酵，不容忽視，何況在傳統上，海外華人社群即具備這種特
質。

　　大陸市場固然龐大，商機無限，但中國人民的普遍購買力猶待加強。其
次不確定的因素早日消滅而走上制度化，商機有法理可循，龐大的僑資、臺
資將源源的向大陸挹注。

　　中國原則卡住了兩岸一個中國的政治思維，要踏出去，每一步都不易。
緣自兩岸阻絕了數十年，不同的意識形態下，認知沒有交集點，各自表述得

〔註 22〕王賡武著，張奕善譯注《南洋華人簡史》封面勒口處，水牛圖書出版事業有
　　　　限公司 2002 年 4 月第 3 版第 1 刷。

不到共識。僑務政策定位難，海外華人的地位如何？無言問蒼天！〔註23〕

上圖圖書為汕頭大學圖書館藏書

5.《海外華人研究的大視野與新方向──王賡武教授論文選》，劉宏、
黃堅立主編，八方文化企業公司 2002 年 4 月初版。

目錄如下：

編者的話

理論和方法論：回顧與前瞻

　　單一的華人散居者

　　海外華人：未來中的過去

　　海外華人研究的地位

　　移民地位的提升：既不是華僑，也不是華人

　　再論海外華人的身份認同

民族主義：海內與海外

　　海外華人的民族主義

　　民族主義與儒家學說

　　民族主義在中國的復興

〔註23〕張奕善《校訂贅言》，王賡武著，張奕善譯注《南洋華人簡史》第 1～2 頁，
　　　　水牛圖書出版事業有限公司 2002 年 4 月第 3 版第 1 刷。

劉宏、黃堅立在《編者的話》（2001 年 11 月 27 日，新加坡國立大學）中寫道：

　　一年多前，八方文化企業公司出版了《坦蕩人生　學者情懷——王賡武訪談與言論集》（劉宏主編），本書為該文集的姐妹篇。前書較為側重王賡武教授作為「參與型」知識分子的生涯（包括他的成長與治學道路、對人生與社會問題的關懷，以及出掌香港大學校長的經歷等等），本書所收入的論文主要集中地展現了王教授作為「學院型」知識分子對國際學術界所做的貢獻。

　　眾所周知，王教授的學術涉獵甚廣，美國斯坦福大學教授施堅雅（William Skinner）在 1983 年曾評論道：「王賡武教授具有至少三個學術角色：中國歷史學家，馬來西亞事務的權威性評論者，以及南洋華人問題的專家」。本書所收入的論文主要集中在第三個領域的延伸與擴展——海外華人研究。這是在第二次世界大戰之後才逐漸興起的一門新興學科。作為這一學術領域的開拓者和導航人，王教授對該學科的發展及成熟起著重要的領導作用，從他於 1955 年出版的《南海貿易》一書（1998 年再版）到 2001 年問世的四卷本文集之一的 Don't Leave Home：Migration and the Chinese，也就不斷地從實證的和宏觀的角度闡釋了海外華人社群的多元性和複雜性，並指出中國、當地社會以及

全球歷史進程對華人群體的深刻影響。

　　本文集的論文大多為王教授近年來在不同的國際學術場合所作的主旨演講、基調報告以及專題評論。它們以宏觀視野為出發點，深入分析了海外華人研究領域的理論、方法、資料等重要問題，並指出了該學科所面臨的問題和挑戰。作為深具全球觀點的歷史學家，王賡武教授還從跨區域的角度，論述了海外華人的民族主義的不同模式及其同中國的錯綜複雜的關係。我們相信，本書對讀者瞭解世紀之交海外華人研究的最新成就和發展前景有著很大的幫助。

　　本書的論文大多原以英文發表或撰寫，經翻譯後收入中、港、臺、新等地出版的學術刊物或專著之中。雖然本書的編者之一曾參與了其中一些論文的審校工作，在收入本文集時，我們又比照原文將之進行了重新整理，並根據英文修訂稿增補了若干篇章的注釋。

　　作為本書的編者和部分論文的審譯者，我們十分感謝王賡武教授的充分信任。八方文化出版公司的唐文靜編輯的專業精神和效率使本書得以較快面世。最後，我們也要感謝中文論文的原出版者及譯者（在本書相關篇章中均有注明），尤其是韓方明博士主持的《中國社會科學季刊》（香港）和張秀明主編的《華僑華人歷史研究》（北京）等期刊。本書能夠順利出版，也是與他們的努力分不開的。〔註24〕

　　劉宏，歷史學博士，目前任教於新加坡國立大學人文暨社會科學院中文系，從事有關海外華人問題的教學與研究工作，並被聘為北京大學客座研究員及廈門大學客座教授。著作包括《中國——東南亞學：理論建構‧互動模式‧個案分析》（北京：中國社會科學出版社，2000 年）和以英、中、荷文在歐美、中港臺、日本以及東南亞發表的學術論文四十餘篇。

　　黃堅立，歷史學博士，目前任教於新加坡國立大學歷史系，也是該大學東亞研究所的研究員。教學與研究範圍是中國近代現代史和新加坡戰後的商界與知識分子。著作包括《非政治化的政治：中國國民黨對學生運動的政策，1927～1949 年》。〔註25〕

〔註24〕劉宏、黃堅立《編者的話》，《海外華人研究的大視野與新方向——王賡武教授論文選》第 v 頁，八方文化企業公司 2002 年 4 月初版。

〔註25〕《編者簡介》，《海外華人研究的大視野與新方向——王賡武教授論文選》封底，八方文化企業公司 2002 年 4 月初版。

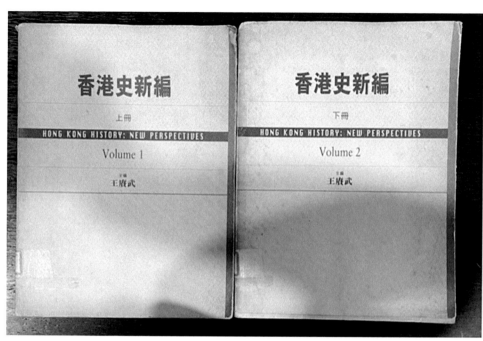

上圖圖書為汕頭大學圖書館藏書

6、《香港史新編》（上冊），王賡武主編，三聯書店（香港）有限公司，
　　1997 年 5 月香港第 1 版第 1 次印刷 1998 年 1 月香港第 1 版第 2 次
　　印刷。

目錄如下：

第一章　香港考古成果及其啟示　區家發

一、概說

二、香港考古的成果

三、香港史前文化歷史的重構

四、香港史前文化與大陸及臨近地區的比較

五、秦漢以後的考古

六、結語

第二章　十九世紀中葉以前的香港　霍啟昌

一、明代以前的香港地區

二、清代的香港地區

第三章　歷史的轉折：殖民體系的建立和演進　丁新豹

一、鴉片戰爭與香港的割占

二、香港政治制度的奠立與沿革

三、英國管治香港方針政策

四、香港政府、西人與華人社會之關係

五、日占時代的行政架構及政策

第四章　戰後香港政制發展　鄭赤琰

一、二次大戰後的香港政制

二、六十至七十年代的政制變遷

三、1997 與政改發展

四、幾種議論的評議

五、簡短的結論

第五章　社會組織與社會轉變　冼玉儀

一、1841 年

二、1871 年

三、1901 年

四、1931 年

五、1951 年

六、1971 年

七、小結

第六章　香港的城市發展和建築　龍炳頤

一、前言及歷史文化背景

二、香港的城市發展

三、建築

四、結語

第七章　現代貿易體系的成長歷程　莫凱

一、引論

二、轉口貿易的發展

三、戰後的經濟和貿易

四、戰後貿易形態的變化

五、當代的貿易體系

第八章　香港金融體系　周亮全

一、緒言

二、貨幣制度的興替

王賡武在《序》（1996 年 10 月新加坡東亞政治經濟研究所）中寫道：

人類和國家的歷史值得反覆書寫，因為總有新資料可以研究和介紹，總有新進展影響我們的觀點，而且年輕一代歷史學家也總是認為他們的前輩所敘述的故事不夠準確。香港的歷史也不例外，不管是作為臨時避風港、深水碼頭、繁華貿易中心、被驅逐者的避難地、世界級大都會、工業和國際金融中心、復興和創造文化的舞臺，還是作為自由與勇氣的象徵。

的確，文字記載的香港歷史幾經變化，上面提到的不同稱謂都在不同時期被使用過。一些最早的和最著名的歷史學家都側重講述英國方面的故事。這種情況也屬自然，因為關於香港開埠首一百年的關鍵文獻都被英國人保存著，而且英國人為建立香港殖民地和貿易港所做的一切都記錄得尤其完備有序。行政與制度的變遷和經濟的興衰，這些都是英國和西方歷史學家描述得最多的題目，而其他學者則更為關注中國與英國在香港問題上的連續劇。香港問題從來沒有失去吸引力，而且它一直是眾多歷史學家所重視的主要課題之一。

當為數不少的中國人在香港島和九龍地區作永久定居的時候，那裡的社會史和文化史似乎是割裂的。一方面，那裡存在一個「浮動的世界」，它由官員、商人、富人或受過教育的過客、傳教士、教師和記者組成。這些人把香港作為在東西方之間、在中國沿海與亞洲其他地區之間、在私人與公共部門之間開展廣泛活動的基地。另一方面，那裡也有已經存在了多個世紀的古老村

落和漁村。那裡的人們有自己組織嚴密的世系家族和傳統社會結構，他們不需要外來的干預，也竭力維護依照自己固有方式生活下去的權利。

第二次世界大戰結束後，香港社會產生根本的變化。貧弱的中國開始恢復活力，而不列顛則從強盛帝國衰落下來，成為一個貿易國家。冷戰給軍事集團之間帶來新的全球競爭，它也在西方自由資本主義和蘇維埃共產主義之間劃出一條戰線。在 1950 年代，香港便成為敵對雙方交界線上的一個焦點。

安置從中國大陸湧入的成千上萬的中國人，使香港開始產生新的結構變化。這一事件既考驗著英國人的司法和行政技能，同時對中國移民也是一場挑戰，看他們如何在亞洲冷戰的政治和經濟支柱地區謀求新生。兩者分別成功克服 1950 和 1960 年代的巨大壓力，導致了香港地區兩部分屬地的整合。香港—九龍的現代化精英人物與移民勞工共同面對土著居民，終於使他們的寶貴土地開放給不可抗拒的現代工商世界。

外來移民安頓下來，土著居民對外開放。通過不斷一體化的教育體系，一種新的社會意識開始形成。到 1970 年代，一種源自中國價值觀的、獨特的香港意識出現了。它與英國和中國大陸的主流意識不同。新出現的詞彙「香港人」便概括了這種特性，而這種特性也決定了我們需要對迄今為止所書寫的香港歷史進行徹底評估。新的一代歷史學家，包括許多香港大學和中文大學的學者。開始了重新講述香港故事的跋涉。他們的多數貢獻來自他們對香港華人的關注：他們是怎樣組成的？是什麼力量驅使他們奮力向前？又是什麼能夠喚起他們心底的回應？他們有什麼話要為自己說？與此同時，西方的歷史學家們仍舊關心香港作為政治和經濟實體所取得的成就；而首先是中國大陸，其次是臺灣的歷史學家們，則開始有興趣從中國人的角度來撰寫香港歷史。但是，嶄新的觀點還是主要來自那些當地的歷史學家們，他們使我們明瞭「香港人」概念的由來，以及他們走上前臺的經過。

我有幸與許多香港歷史學家會面，也有幸拜讀他們的著作。這些歷史學家大多是在二次大戰後成長起來的。他們嘗試以不同的聲音表述他們對自己城市的所知、所想和所感。他們的著作受到廣泛讚賞，因此他們要以成熟的論證來介紹豐富多彩的香港歷史。當我被邀請同他們一起考慮如何編寫今日香港新歷史的時候，我非常高興有機會分享他們的自豪和熱情。

今天，要求某一個人能公正地概括有關香港歷史的所有過程似不實際，以集體的努力來明辦香港全部歷史的規模和複雜性，才是開始這項事業的最

佳方式。在確定了論述範圍和內容之後，我們邀請了二十多位學者參加寫作隊伍，並最終寫就本書的所有章節。我相信，這些文章呈現了香港生活與社會、努力與成功的不同畫面。它們不僅加深了我們對香港的理解，也給前輩歷史學家構築起來的骨架增添了許多血肉。我謹將此書推薦給你們，它是我們所需的香港全史的良好開篇。〔註26〕

《香港史新編》（下冊），王賡武主編，三聯書店（香港）有限公司，1997年7月香港第1版第1次印刷。目錄如下：

第十章　教育的回顧（上篇）　吳倫霓霞

一、引言

二、中國傳統學塾教育在香港的延續與發展

三、西式學校及英語精英教育的發展

四、中文教育及新式中文學校的擴展

五、結語

第十一章　教育的回顧（下篇）　程介明

一、概論

二、教育制度之發展

三、香港政府教育觀之演化

四、戰後教育決策的演變過程

五、結語

第十二章　香港的中西報業　李少南

一、導言：香港在中國報業史上的位置

二、「精英報業」時期（1841～1873）

三、「黨派報業」時期（1874～1924）

四、「社經報業」時期（1925～）

五、結論：中西文化交往下香港報業的特色

第十三章　香港文學的發展　黃維樑

一、四十年代及以前

二、五十年代

三、六十年代

〔註26〕王賡武《序》，王賡武主編《香港史新編》（上冊），三聯書店（香港）有限公司，1997年5月香港第1版第1次印刷1998年1月香港第1版第2次印刷。

　　王賡武在《結論篇：香港現代社會》中寫道：

　　本書中的各個章節已經論證，今天香港的成功很大程度上是因為她是進入中國的便利門戶。這個基本條件在近一百多年的歷史進程中一直沒有改變。作為英國佔領的殖民地，她也是設在外部世界的窗口。只有香港華人的活力和進取精神，才是香港發展的主要可變因素。在這篇關於香港過去和未來的結論篇中，我將論述香港華人，分析他們的組成情況，以及他們對中國和本區域可能發揮的作用。

　　儘管香港人生活在殖民統治下，但他們無疑是中國人，也可稱作香港中國人。在此我們留意一下，有許多詞彙描述中國人，例如：中國人、漢人、唐人、華僑、華人等是最通行的用法。

　　但在現代中國社會，有兩個詞具有特別的歷史意義。它們就是上海人和香港人。這兩個詞反映出十九世紀以來，中國沿海省份、大陸帝國邊緣新港口城市的顯著發展。從廣東、福建、浙江、江蘇、山東、河北到遼東半島的人迅速城市化，並向海外世界發展。把他們稱作沿海華人也許更為適合。這一稱呼並不指侷限在某一特定區域的人們。它表示的是那些出生在中國沿海地區，通過口岸與外部世界進行頻密的貿易活動，在中國和外部世界之間起到橋樑作用的人們。他們跟得上時代變化，對事務反映敏銳，充滿活力和朝氣。自十九世紀中葉以來，儘管他們當中的許多人和他們的祖先曾經在外國人的管轄之下生活，但他們從未染上殖民地特徵。他們中間的多數人從不屈於外國利益，而且自從現代民族主義興起之後，他們投入中國的現代化事業，滿腔熱情地為中國的昌盛和尊嚴而奮鬥。

　　事實上，沿海華人中的重要一群便是香港人，他們的認同意識產生於1970年代。香港人是指那些即使不公開反對殖民統治，但至少與少數欣賞英國統治的人截然不同的人們。中華人民共和國政府承認他們的認同意識，把香港人與澳門人一同稱作「港澳同胞」。他們有別於臺灣人。他們也不是華僑，即那些「暫時」居住在海外或中國領土以外的中國公民。香港人也包括許多新近從大陸來港居住的人，效忠臺灣政府的人，甚至取得外國國籍又回港生活和工作的人。

　　香港人基本上講標準的廣州方言，但他們並不都是廣府人。人口統計數據顯示，超過三分之一的人來自珠江三角洲以外地區。他們分別講潮州話、客家話和來自廣東、廣西的其他廣府方言；還有的講閩南話（漳—泉）、客家

話和來自福建的其他方言；還有一群人被籠統地稱作上海人，這個當地的稱呼是指從中國其他省份來的人們，但主要是從沿海地區來香港的人。

香港人還包括一、二十萬的「歸國」華僑。他們多數是在 1950 和 1960 年代回歸中國，在 1970 年代又移居香港的東南亞華人。他們中很少有人還能返回自己在東南亞的家園，所以他們已經把自己當作香港人，或者說沿海華人。

總而言之，不論祖籍何方，香港人包括了那個地區幾乎每一個中國血統的人，只要他們在香港定居，並且承認他們與中國有著深厚的文化淵源。儘管多數人講廣州方言，但每個人都略懂自己的方言。例如，有人講普通話，有人講兩種或多種方言。還有人能講外國語言，像英語、法語、日語和不同的東南亞語言。香港是一個流動性很大的城市，人們來自附近地區和至少三大洲。

香港人主要來自中國南部沿海省份的事實，意味著他們與那些依靠沿海和海外活動為生的人們，特別是那些參與海外貿易的人們有著許多共同之處。這些人一直處於中國中原地區的邊緣，與內地人差異很大，因而也值得特別關注。正是他們的邊緣地位，使得我們需要瞭解他們的價值觀、他們的生活方式、甚至他們對世界的看法。

如同世界許多地方一樣，中國南部沿海地區的人口構成經歷了一個漫長的流動和融合的過程。考古學的發現早就證明了南部沿海土著文化中含有許多外來的成分；而秦漢以後國家的統一，大大加速了中原人口的南移和南北文化的交流。到了唐代，以廣州為中心的中國南部海上貿易和對外交往到了一個高峰時期，而這個時期影響的延續，可以從明清時代中國南部沿海人在海外自稱「唐人」，把中國故土稱為「唐山」得到充分的說明。

但是，散居中國沿海的人們除了共同像「唐人」或「閩粵人」這樣一些稱呼外，他們彼此之間卻使用不同的方言。儘管他們中的精英分子共同奔赴京城參加科舉考試，但卻不願在彼此間買賣。他們中間的勇敢商人熱衷於從事海外貿易，使用自己的港口，分別與不同的西方和東南亞國家和港口做生意。因此，很久以來，這一地區的人們對外界就採取相對開放的態度。

這些唐人毫無疑問具有中華帝國的歷史經驗和文明。但在帝國時代，派遣來管理他們的官員和軍隊並非都是瞭解船和海對他們生活的重要性，一些掌握實權的官員反而鼓勵發展農業，甚至以犧牲海外貿易為代價。儘管如此，這些唐人還是追隨他們的傑出人物和文化領袖，認為自己是中國人，至少是

中國唐人。

　　時至今日，唐人這個詞除了被老一代海外華人所用，而且還保留在中國南部沿海的主要方言中，它聽起來似乎有些離奇古怪。「香港人」則不同，它不再簡單地等同於唐人。從文化和歷史角度看，香港人是中國人。這種與國家認同感的聯繫，今天比以往更加強烈。但是，不少香港人卻自認為是有不同意識的中國人。他們拒絕殖民地中國人的概念，對這種「反面形象」已經反感了幾十年，但也不等同於具有中國大陸或臺灣的當代主流意識。

　　香港人這種想法在中國歷史上曾經有過先例，瞭解它對我們理解香港歷史和香港未來非常重要。在南部中國對外貿易的主要港口也可發現相同情形。從漢代開始，廣州就是外貿口岸。宋朝以來，泉州以及隨後的安海和月港都曾經在短時間內成為重要港口。在幾個世紀中間，還出現過其他港口，如福州、廈門、寧波和長江三角洲上的一些港口。在十六世紀中葉以後，也出現了由葡萄牙人管治的澳門。但是這些港口的貿易量從不穩定也無法計算，而且在明清時代，官員對這些港口實行嚴格控制。我們有充足證據可以證明，在十九世紀以前，亞洲和歐洲國家在與中國政府進行貿易時遇到各種困難。這些證據可以幫助解釋，為什麼這些港口的中國商人沒有能夠形成自己的明確的意識。日本人、葡萄牙人和西班牙人竭力敲開明朝緊閉的大門，荷蘭人和英國人則試圖迫使清政府開放口岸。然而，直到十九世紀中葉，英國人才通過打敗滿清帝國取得突破，通商口岸制度成為放大了的澳門經驗。這種制度是西方強權的軍事實力支撐的，也是西方國家在經濟上滲入中國的不懈努力的結果。

　　此後一百年，開放口岸發展成為共生中心，在那裡，外國管治下的貿易組織與中國官員、商人和買辦共存。由於地理位置背靠中國最廣泛的內地，上海成為最大的一個中心。她的人口迅速膨脹，來自全世界的外國人都彙集在這裡。那裡的中國人不僅來自南部中國的其他口岸，而且來自鄰近的每個省和縣。在不長的時間裏，上海便成為在中國沿海地區形成的新型社會的都會，被廣泛承認為亞洲最國際化的城市。

　　起初，上海社會以非華人的貿易活動而著名。到清朝末年，大批當地優秀華人也享有盛譽。上海吸引了大官僚和富商家族，他們移居此地並在那裡建立他們的基地。社會開始分化成兩部分：一部分是通商口岸小社會，包括非華人；另一部分是具有新意識的上海人的大社會，包括從各地來上海定居

的華人。

在同樣時期，香港也混雜居住著不同的人，但在非華人人口中，英國人的比重太大。華人人口主要是來自廣東省的商人、勞工或逃難者。在這種環境中，他們不可能變得英國化。他們中的多數人保持著中國人的傳統。只有兩種人例外。一種是與英國人密切接觸並且帶有英華特點的人。他們當中的一些人被通商口岸小社會所接受，但後來大多數前往上海，或者在其他口岸進進出出，並不僅僅依賴香港。另一種是往返東南亞、美洲和澳洲途中經過香港的人。這些人被稱作「華僑」。他們並不認同香港，僅僅把香港作為移民中心或轉口貿易地。只有一些在英國殖民地居住過的人，會把自己視作英華殖民地居民，但多數香港人並不贊同如此自稱。

簡而言之，直到 1940 年代，香港勉強屬於新的中國沿海社會。在世紀之交，當廣東籍領袖孫中山等人興起現代中國民族主義的時候，香港曾經發揮了重要作用。但是，當大多數中國人被廣泛喚起民族意識的時候，民族主義的熱情卻向北移到上海、北京和其他內地城市，而香港的中國民族主義意識又回到邊緣去。

不過，因為香港華人比在通商口岸的華人更直接地生活在外國管轄之下，所以他們也具有共同的特點，特別是與上海人有許多相同之處。中國沿海華人的關鍵特徵主要來自西方資本主義的衝擊和挑戰，但是上海人的反應明顯，香港人則不直接。讓我來列舉他們的一些共同經歷。

首先，法律框架（香港採用英國習慣法），它保護自由，特別是私人商業利益。雖然一小部分中國律師受過訓練，但他們無暇深入到上海的華人中間。但毫無疑問，法治的益處得到承認，來自中國各地的知識分子、藝術家和政治家都尋求法律的保護。

其次，資本主義經濟，表現為自由貿易和低稅收，它加速了現代中國企業家的成長，特別是在上海，形形色色的外國商人提供了更多的實習機會。這是早期工業化階段，資本的構成形式簡單，廉價勞工充足。更為重要的是，長江和珠江三角洲的潛在市場廣闊。對當地商人來說，這是一個有深遠意義的刺激因素，能夠促使他們發動中國的工業革命。也許更為重要的是，商人在中國社會中的地位上升，他們更多地參與公共事務。兩個城市的新一代商人能夠擺脫官僚的支配，在國際商人中間找尋自己的位置。

另一個特徵是新聞、教育和宗教方面的言論自由。新聞自由反映在外語

和中文商業報紙上，隨後也日益反映在政治雜誌上。由於上海缺少單一的政治結構，這使得所有社會和政治組織最大限度地享有自由。上海成為持不同政見者和造反的人的溫床；而香港的殖民地政府則因為顧及英國與中國的關係，對潛在的叛逆者和搗亂的人嚴加管制。上海的自主學校、學院和大學教育了新一代中國人。一種新的政治意識開始萌發。也許社會價值觀念的最大變化是對待婦女受教育的問題，尤其是高等教育。香港的教會學校對香港早期意識的形成也有所貢獻，但學校的數量有限。高等教育方面，大型的教會學校和大學都在上海，例如主要由美國人創辦的聖約翰、德國人創辦的同濟、法國人創辦的震旦。此外，新型的國立大學和私立學院也在本世紀初在這種開放的環境中湧現出來，它們使來自全國各地的學生極大地增長了學識。

這些經歷增加了作為沿海中國人的上海人的文化差異。上海人成為全中國人眼中的仿傚樣板，不論是好的還是壞的，他們被視作新型現代中國人。與此相對照，英國人沒有在中國大陸卻在香港建立了大學。但是當香港大學成立的時候，它只是為維繫中英關係所作的一種努力。它確曾培養了一些具有中國沿海特點的華人，但並不僅限於香港人。與上海相比，香港官方並沒有培育出一種特別的香港華人意識。

上海成為中國出版業的中心。她也是中國最先接觸現代技術和西方文化的城市，尤其是在科學研究、工程管理、電影、工藝美術、音樂、戲劇和舞蹈等方面。上海吸引了中國一些最優秀的人才，他們成為此後百年中廣為人知的最富創造力的人物。他們為現代華人意識奠定了基石。這種摻合著上海人特點的意識，在其他沿海中國人，特別是在香港人中間傳播。

近百年來，香港作為中國與英國的一個次要中心，她具有自己的獨特之處。她顯然是廣東華僑、難民和移民的重要中轉站，也是與東南亞和英語世界保持商務聯繫的通道。她與廣州一起成為珠江三角洲的兩大要港。從更廣闊的角度觀察，此時的香港人已經開始逐漸形成與其他中國人不同的特點。對於敢於冒險的現代廣東人來說，這個城市不僅僅是他們的家，同時也是他們與其他英國殖民地的英華居民，與東南亞其他地區的「南洋華人」保持聯繫的中樞。

與香港和上海華人形成鮮明對照的是，多數中國人還生活在農耕社會。過去，讀書人和考得功名的家庭擁有土地，在中國不同地區的情形大體相同。地區之間經濟和文化的差距縮小到最低限度，至少在清帝國衰落之前是這樣。

在民國時期，即 1911～1949 年，出於多種原因，中央政府經常處於軟弱和分裂狀態，沿海地區（特別是通商口岸地區）與內地的差距加大。在這種情況下，富人和受過教育的人們，紛紛向安全的城鎮遷居。本世紀內，他們明顯地移向沿海地區，因為那裡的現代貿易、教育和文化以可觀的速度發展。

最終，政治差距也開始加大。沿海城市在自由的條件下，產生了現代政治民族主義，開始出現城市文化，甚至具備了「公民社會」的雛形。但在中國內地，排外情緒有時混雜著對沿海發展的不滿和妒忌。國家經濟崩潰和外國干涉的惡果導致了革命，而正是這場革命使中國共產黨能夠在 1949 年接管政權。由於外國干涉的存在，人們竟然一度不把沿海地區的相對成功當成一種現代化的進步。

中華人民共和國建立之後的頭二十年，香港是怎樣奮鬥求存以及是什麼使他們成功等題目，本書都已經論述過。在此，需要論述的是香港人概念的形成，並且簡要探討三個與香港如何成為中國沿海華人的家園特別相關的問題。

第一個問題，中華人民共和國恢復在聯合國的席位，香港被從非殖民化委員會的議事日程上取消，這意味著香港不再是殖民地和事實上的最後一個通商口岸。香港人概念得到承認和香港人新意識的產生並不是巧合，雖然也許存在其他的外在影響，華僑作為一般稱謂已經被淘汰，即使仍是華人，但他們往往冠以居住國的名稱，如「澳籍華人」、「美籍華人」，以此標明差別。「馬華」、「印華」、「泰華」和「新華」則是另一種區別方式。那些跟隨國民黨政府去臺灣的大陸人也漸漸地跟本地人一樣，被稱作「臺灣人」。所有這些稱呼都具有各自的新含意，香港人的稱呼當然也必須在特定的環境中使用。

把香港看做最後一個通商口岸具有重要意義。當上海和其他口岸被中國收回時，許多沿海華人來到香港。1949 年以後，中華人民共和國政府恢復了傳統的均衡發展政策，要確保全國不同地區的發展水平大致相同。這個政策的結果是減慢、縮小了沿海華人和其他華人之間的經濟和文化差距，但沿海的發展速度則不能充分發揮。從沿海向內地搬遷工廠甚至整個產業，把新產業和研究中心深入北部和西北部的地區便是例子。與此同時，非常相反的事情發生在香港。整個 1950 年代和 1960 年代初，這裡是移民的聚集地，在文化大革命期間，移民人數更為可觀。這些新集中來的人口，使得香港可以進行以前因勞力不足而無法開展的計劃。

　　第二個問題是香港成功地移植了「上海模式」。現代企業家精神和製造業大規模地引進，使香港成為亞太區域以及更大範圍的金融和通訊中心，而且她逐漸成為中文和英語的出版、電影、電視以及其他傳媒的文化中心。1970年代，我們看到新一代沿海華人產生出來，他們與前輩不同，具有當地的特色。他們以身為香港人而自豪。他們講廣東話，而不是上海話或普通話，他們也懂得英語這個國際語言。

　　第三個問題緣自兩場區域戰爭和近於內戰的「無產階級文化大革命」。這裡頗具諷刺意味。兩場戰爭，即朝鮮戰爭和越南戰爭，使西方加強了對這一地區發展資本主義經濟的承諾，因為他們希望這裡成為防止共產主義蔓延的堡壘。香港人從這些戰爭中獲得巨大的商業利益；更為重要的是，戰爭幫助香港企業家擴大了經營範圍，特別是向北美洲發展。

　　至於「文化大革命」，它是現代中國歷史上最具破壞性的一個階段。它不僅導致了全中國的動亂和貧窮，而且助長了對外國人無區別的憎恨和對中國傳統的輕蔑，這在中國歷史上從未發生過。這些令人驚恐的發展更加突出香港人的與眾不同，使他們數十年來第一次感覺自己「更為優越和更為文明」。中國1970年代的動亂，迫使香港人反思自己與中華遺產的關聯以及作為中國人的特性。他們的信心有所動搖，並且以意想不到的開放程度接受外來影響。

　　縱觀香港經濟與技術的顯著成功，我們可以發現，香港人偏離了曾是主要面向中國內地經濟發展的「上海模式」，而是轉為主要面向世界經濟快速發展的開放的國際中心。我相信，經過四十年的戲劇性的變化，香港人已經成為不同於上海式的中國沿海華人，因此，這為「一國兩制」的方式埋下了基石。人們必須重新和獨立地看待新型的香港式的中國沿海華人的未來作用。

　　香港華人在1997年之後能夠發揮什麼樣的作用，這取決於他們面對變化時的機智和勇氣，這也取決於區域和世界的進一步發展。中國認識到香港作為窗口和渠道的重要性，希望借助她來促進現代化建設。香港在中國現代化中的地位已經得到充分承認，在這個前提下，香港可能有助於培育出二十一世紀的沿海華人。

　　1949年以後，許多中國沿海華人來到香港，因此，香港意識與上海和

其他沿海省份大口岸的意識產生了血緣聯繫。雖然香港意識是在外國管轄之下形成的，但它近年來比上海意識更受關注。自 1984 年《中英聯合聲明》公布以來，它不僅成為更加自覺的意識，而且受到仔細研究。在特別行政區《基本法》中，香港人作為特別一類華人而被加以定義。1997 年，香港人將成為特別行政區裏的中國人。他們有時間在眾目睽睽之下為這種變化做準備。許多香港人已經意識到自己在特別歷史環境中所形成的優勢和缺點。人們將會看到，沿海社會是怎樣能使香港成為中國和區域內其他城市和口岸樣板的。

　　當中國其他地區的沿海華人移居香港時，他們開始一種全新的生活。作為香港人，一種新型的沿海華人，人們則期望他們為發展沿海其他地區發揮不同的作用。一個顯而易見的例子是，香港可以做上海當年促進香港發展的同樣的事情，反過來促進上海的發展，也促進其他口岸的發展。但這並不是香港人可以長期發揮的作用。

　　在中國港口城市，如廣州和珠江三角洲的其他城市，上海、天津、大連、廈門、汕頭、福州和寧波等地，新型中國沿海華人其實已經逐漸形成。他們都有要像香港人一樣成功的抱負。除開珠江三角洲，多數地區還保留著從前中國沿海華人的特點，只是特點的形成條件與香港非常不同。在過去四十年中，他們與內地的多數人口一同經歷了變化。他們大多數已經接受了國家的政治和管理文化。因此，他們處於更佳位置向中國欠發達省份提供直接的樣板。

　　在這並非必然發生的過程中，香港人能夠提供一種刺激性因素。香港人可以在新型現代中國人的演化過程中充當一點催化劑的作用。中國更為開放和與國際市場體系聯繫更緊密之後，以香港人為代表的中國沿海華人可以成為「中國特色社會主義」發展動力的一個部分，有助於形成一種為中國的現代化所需要的經過改革的社會結構。特別行政區將有助於中國吸取外部世界最有活力的文化，以新鮮的觀念豐富中國通俗文化。

　　香港及其他中國沿海華人會成為促進國家發展的重要力量。香港的生意正在向北遷移，也有向內地發展。香港企業在珠江三角洲地區已接近飽和。當廣東當地人的競爭力增強的時候，更北部的內陸省份向香港投資者提供了更多機會。新加坡投資北部城市的經過深思熟慮的政策，也表明了這些新機

會的可能性。此外，世界上的跨國公司也在中國大陸大量投資，但並不侷限在沿海地區。香港企業家當然毫不遜色，他們與臺灣夥伴以及那些透過香港金融與商業網絡的海外華人一起，大舉投資中國大陸。他們需要的是沿海華人所具有的勇敢的企業家精神，這已經被證明是他們的優勢，而且他們依然具有這種優勢。

為了增強他們的作用，香港人需要重新評估自己早年在南部中國和東南亞地區所扮演的引人注目的角色。政治局勢已經改變，東南亞國家和區域組織如東南亞國家聯盟的經濟狀況也發生了變化。香港人對東南亞地區的影響和知識也需要加強。他們的作用不僅僅著眼於龐大的跨國界的東南亞商務網絡中的華人。如果只與這一區域的少數華人企業交往，那將是錯誤的。這一地區出現了土生土長的中產階級，他們在本國經濟中發揮著越來越大的作用。香港人能給此區域的貿易提供特殊幫助，特別是當土著精英與當地少數華人合作，共同通過中國南部沿海城市，與中國建立穩固的投資聯繫的時候。

香港人會發現，把自己侷限在任何一個單一的區域內將越來越困難。開放貿易體系的確是全球性的，香港已經證明可以通過她的環球聯繫應付這樣的貿易。但是香港確實缺乏足夠的人力去維持和享用這個龐大網絡的所有分支。至今為止，香港的成功依靠與中國內地、日本、西方和東南亞的廣泛合作。當香港回歸之後，更多的中國人，特別是沿海華人，將能夠給香港企業增添更多力量。為了在那些懂得如何取得快速和持續的現代化發展的人們中間尋找合作夥伴，香港人不僅要著眼於中國大陸沿海城市和海外華人，他們還應注重臺灣人。

這又引出了「大中華」的概念。有許多關於這個詞的錯誤解釋。這一詞彙容易引起模糊不清的帝國主義的聯想，必須予以澄清。這個詞唯有在表述中國大陸南部沿海地區與臺灣、港澳之間的經濟實際整合時才具有意義。沿海華人，包括香港人，應該積極推動「大中華」的發展，把她作為向中國內地和東南亞地區拓展經濟實力的基地。有了這個擴大了的基地和增加了五十倍的人力資源，香港的中心地位可以確保相當長的時間。〔註27〕

〔註27〕王賡武《結論篇：香港現代社會》，王賡武主編《香港史新編》（下冊）第859～867 頁，三聯書店（香港）有限公司，1997 年 7 月香港第 1 版第 1 次印刷。

上圖圖書為汕頭大學圖書館藏書

7.《中國與海外華人》，王賡武著、天津編譯中心譯，商務印書館（香港）有限公司 1994 年 1 月第 1 版第 1 次印刷。

目錄如下：

出版說明

序

鳴謝

第一部分　歷史的剖析

　第 1 章　華人移民類型的歷史剖析

　　1.1　華人移民的四大類型

　　1.2　研究華人移民史的新方向

　第 2 章　中文歷史著作中的東南亞華僑

　　2.1　1945 年前的中文歷史著作

　　2.2　當代的中文歷史著作

此書在卷首的《出版說明》中指出：本書是一部研究和探討海外華人的出色著作。原書輯錄了作者王賡武教授自 70 年代至 90 年代間發表的短論、演講詞和論文，共 16 篇，按時序排列，首次集合成書出版。由於文章各有出處，體例不一，部分附有標題，部分附有小目，部分則一氣呵成。這個中譯本，為了保持全書風格一致，亦為了讓讀者能夠更容易理解各章中層層迭進的論點，編者在文中加進了標題，並以粗體字標出重要的語句，希望此舉有助讀者欣賞到書中表達的精闢見解。〔註 28〕

王賡武在《序》（寫於 1990 年 9 月香港）中寫道：

十年前，我在澳洲國立大學時的老同事 Anthony Reid 把我所寫有關東南亞和華人的文章選輯成集，命名 Community and Nation 出版。此後，我更多集中注意力於華人本身，有關他們的移民、貿易和文化等等。本書所收 16 篇文章中的 13 篇是在上述 Community and Nation 一書出版後寫作的——實際上在朋友建議我結集這些文字為本書時，其中 5 篇正在印刷中，有兩篇尚未發表（第 14 章和 15 章）。另外在 70 年代發表過的 3 篇（第 6、7 和 16 章），其部分內容本應加以修訂以使之更符合現今情況，但我仍按其原貌輯入，使之保留作為新近一些論點的背景材料。

過去十年，許多華人從中國大陸、臺灣及香港等地移民外國，同時還有許多其他華裔也在作再移民，大部分是從東南亞移民到北美及澳洲。與第二次大戰之後的前 30 年話題著重於中國的政治遏制和當地華人同化的問題不同，這十年的注意力又回到華人的商貿和企業經營本領方面。此外與此相關的華人文化價值和新興的華人移民他國乃至其他大陸的熱潮也引起人們的注意。作者撰文的目的並非要直接論述所有這些發展，而是想作一些歷史的及史學史的描述，以反映作者個人的專業興趣，而不是要反映當代的潮流趨勢。我期望能從而證明，如果我們要真正理解某些看似是新鮮的事物，必先鑒古而後知今。〔註 29〕

〔註 28〕《出版說明》，王賡武著、天津編譯中心譯《中國與海外華人》第 i 頁，商務印書館（香港）有限公司 1994 年 1 月第 1 版第 1 次印刷。

〔註 29〕王賡武《序》，王賡武著、天津編譯中心譯《中國與海外華人》第 iii 頁，商務印書館（香港）有限公司 1994 年 1 月第 1 版第 1 次印刷。

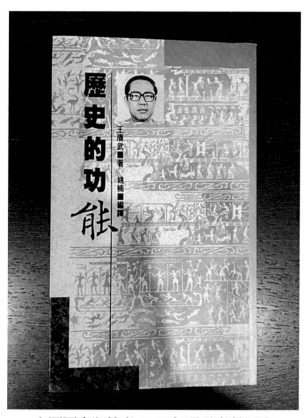

上圖圖書為筆者 2008 年通過臺灣網購

8.《歷史的功能》，王賡武著，姚楠編譯，中華書局（香港）有限公司
　　1990 年 11 月初版。

目錄如下：

著者序

編譯者序

歷史的運用

中國之好古

中國文明與文化傳播

中國的歷史學家與中國早期對外關係的性質

中國社會中的學者：歷史背景

小帝國的辭令：宋代與其鄰國的早期關係

宋史研究中的幾種傾向

中國移民形態的若干歷史分析

　　王賡武在《著者序》（1989 年 12 月 18 日香港大學）寫道：

　　姚楠教授又一次編譯拙著數篇，我不知道怎樣表達對他的感激。本來想乘此機會寫一篇關於我學史的經驗送他，以表示敬意，同時說明一個海外華人讀史的經驗，藉此也希望給年輕同學一點鼓勵。但是最近數月大學工作繁忙，未能抽出時間去整理材料，只好暫時擱下，所以這篇短序，僅用極簡單的幾句來介紹我對歷史的看法。可以分三方面來談。

　　一先引司馬遷的「述故事」。他沿用孔子的「述而不作」而說：「余所謂述故事，整齊其世傳，非所謂作也。」我很早就佩服史學家的述古精神，希望也能學會這種本領，負起寫史的責任。但是從小最欣賞的還是知道每件「故事」的起源，其何以然，那些「故事」比較有趣、有意義。又記起兒時讀「李陵答蘇武書」以後看他們《漢書》裏的傳，讀到一句叫我難忘。這句評蘇武「明習故事，奉使不辱命」使我想到，不管任何人，任何地方的人，都有他在世的使命，要不辱命，不得不「明習故事」。所以，以後每學一項「故事」，都認真學習。又感到「故事」既如此有用，其真實性、準確性，更加重要。

　　二也用句老話，即歷史有「教化」的作用。用現代語來解釋，就是歷史知識有助於人類的進化。這似乎是簡陋的進步論。雖然如此，毫不諱言，我從小就相信人類的進步是必然的。由此，我「好古」和「尊古」是想徹底明瞭歷史變化（不管是遠古或近代）的進步性，希望經過學習歷史來瞭解社會國家的變遷，跟傳統的「法古」、「泥古」概念是不同的。當然，從短期來看，歷史的過程是曲折的，有進亦有退，有時還顯得反覆無常；但是，從長遠的透視，尤其是近百年世界各地進步來看，則歷史證明，人類進步是總的趨勢。如果多知道歷史，我們就會更明白這個道理。

　　三是史學和寫歷史那方面。這包括收集和整理史料、做研究、編寫各種史書，還有學習和批判各地各時代的史觀。史學是個專門的學問，須要有專業的學者，但是歷史知識並不是枯燥無味、普通人難以瞭解的科學專長。相反，歷史研究、史料整理、史學專著等是歷史知識普遍化的前提。當然，歷史知識與時事沒有直接關係，也不是一種實用的科學。史學家不一定懂得現實，也不一定會策劃什麼新的治國方針。雖然如此，史學家有他們的專長，能精細地辨別資料的真偽，準確分析事物的來歷和因果關係，有能進一步推斷某件史事的深刻意義。由此而他們如果能影響大家對時事多些瞭解，幫助負責辦事的人達到比較明智的決策，豈不是可行而有價值的事？我認為歷史知識

是寶貴的。其用處的大小，要看多少人留意歷史的過程和趨勢，又能甄別那些史實有教訓我們的作用，又有助於解決面對的困難。一個社會越民主，越靠多數人有知識（包括歷史知識）。如果這歷史知識夠客觀，夠真實和準確，那就會成為社會輿論的大基石之一。

　　要講的話，一時說不盡。簡短的幾句獻醜，希望姚教授諒解，多多指教。
〔註30〕

　　姚楠（梓良）在《編譯者序》（寫於 1989 年 12 月上海，時年 78 歲）寫道：
　　王賡武教授是著名的中國史、東南亞史與海外華人史研究專家，其論著取材豐富，立論精闢，素為國內外同行所欽佩，毋庸贅述。這裡僅對選編本集的緣由與經過，略作介紹。

　　本書是我選編王教授論文的第三本集子。前兩集為《東南亞與華人》（1987年北京中國友誼出版公司出版）與《南海貿易與南洋華人》（1988 年香港中華書局出版）。由於這兩集所收文章，僅是王教授著作的一小部分，不能見其史學成就和獨創見解的概貌，因此在我尚能工作之時，想再編譯一集，使他的真知灼見能為中國學者研究和探討，取其長以補不足。

　　去歲因攜眷旅港，晤王教授與中華書局負責人，爰將此意提出，適中華書局議編《百家文庫》，經商討後，決定由我再選編一集，列入文庫。我欣然從命，回滬後選出文稿，徵得著者與出版者同意，著手組譯，幸不辱命。

　　本集內容與前二集有相同之處，亦各有側重。三集所收均為王教授代表作，但《東南亞與華人》所收各篇，著重於中外關係史與海外華人史。《南海貿易與南洋華人》是以王教授早期兩種作品為主。本集則主要介紹王教授治中國史的卓越成就，其中雖亦有對外國史研究的評論，但所佔篇幅很少。即本書的最後一篇《中國移民形態的若干歷史分析》，則須稍作說明。一般說來，這篇屬於海外華人史研究領域。我之所以將此文選入，有兩個原因。首先，這篇論文是王教授近年傑作，他所提出的論點和問題，發人深省，可供中國學者參考和進一步深入研究。其次，中國移民史一直未受國內治中國史者的充分重視，甚至被排除在中國史之外。我不甚以為然，所以想用這篇文章突破這個框框。是否有當，有待於讀者評判。

〔註30〕王賡武《著者序》，王賡武著，姚楠編譯《歷史的功能》第 1～3 頁，中華書局（香港）有限公司 1990 年 11 月初版。

順便提一下，我在編譯王教授的大作時，本來有個比較理想的翻譯班子，他們與我合作得很好，對我幫助很多，但是由於種種原因，這些朋友現在大多改從他業，可見在艱難困苦的條件下，要持久從事一項專門研究是何等不易。幸而尚有一位傅念祖碩士尚未離去，他的工作很忙，卻願在業餘協助我完成編譯這本集子的工作。在翻譯過程中。由於王教授引用許多中國古籍，傅君嚴肅認真地逐一查對，以保證譯文質量，在此我應向他致謝。最後一篇情況不同。《中國移民形態的若干歷史分析》一文是廣州中山大學東南亞歷史研究所馬寧先生所譯，曾由著者審定，所以我只做了個別文字修改。至於所有譯文的潤色和定稿，都由我負責，在正式付梓前，還請王教授過目，希望譯文能不失原意。如果再有什麼錯誤或疏漏，應由我負其全責，請讀者不吝指正。

王教授現任香港大學校長，公務繁忙，他能支持我編譯這本集子，我要向他表示衷心的感謝。此外，我還須指出，王教授著作等身，其中大部分用英文撰寫，我所編譯的三本書集，不過管中窺豹，希望他的其他鴻文，亦能陸續翻譯出版，以促進史學研究，嘉惠士林。〔註31〕

上圖圖書為汕頭大學圖書館藏書

〔註31〕姚楠《編譯序》，王賡武著，姚楠編譯《歷史的功能》第 1～3 頁，中華書局（香港）有限公司 1990 年 11 月初版。

9.《南海貿易與南洋華人》，王賡武著、姚楠譯，中華書局香港分局
　　1988 年 4 月初版。

目錄如下：

自序

編譯者序

第一編　南海貿易——對南中國海中國早期貿易史的研究

序

導言

第一章　南進南越（公元前 221 年至公元前 111 年）

第二章　通往黃支的航路（公元前 111 年至公元 220 年）

第三章　出使扶南（公元 220 年至 420 年）

第四章　聖物朝貢（公元 420 年至 589 年）

第五章　一個皇帝的需求（公元 589 年至 618 年）

第六章　港埠、市場與官員（公元 618 至 960 年）（一）

第七章　居間商與香料（公元 618 至 960 年）（二）

第八章　南海貿易的侷限性

附錄一　來自南海各國的使團（公元 1 年至 960 年）

附錄二　公元七世紀前波斯與中國的海上貿易

參考書目

第二編　南洋華人簡史

第一章　導言和早期南洋華人

第二章　15 世紀至 17 世紀

第三章　17 世紀至 18 世紀

第四章　1785 年至 1842 年

第五章　1842 年至 1911 年

第六章　20 世紀（1911 年至 1941 年）

第七章　20 世紀（1911 年至 1941 年）續

第八章　結語：1941 年以後

第三編　附錄

一　十三世紀和十八世紀之間的東南亞：對其政治分裂和文化變化的一
　　些看法

二　歷史上的移居模式：馬來西亞和東南亞地區

王赓武在《自序》（1987 年 12 月 22 日，香港大學）中寫道：

南海貿易的研究是多方面的。三十五年前，當我開始學習做研究的時候，很少學者對南海貿易這個題目感興趣。而那些少數學者的研究重點多半是和中西交通史有關的，譬如中亞內陸的絲綢之路和近代西方擴張勢力東漸，經南海而通中國這一類問題。至於古代南海的沿海國家與中國的直接貿易關係則極少人注意。有少數外國學者發現中國古代史書裏面的記錄，能夠配合考古學家所發掘的一些受印度文化影響的文物，對瞭解南海各國史有很大幫助，但是他們沒有進一步去研究中國與南海的貿易關係。

中國學者則不同。有馮承鈞、張禮千、姚楠、許雲樵等進行中國南洋交通史方面的研究，很有成績。因為把焦點放在南海而與前此的中、西或中、印交通史的研究有所不同，由此又很適應「東南亞」這個戰後五十年代興起的新地域概念（這個新興地區是戰前大陸部分的「印度支那」和海洋部分的「馬來群島」的統一稱呼），給我們生長在南海的青年學者很有啟發。我自己本來是要研究中國近代史的，但是因為當地政治上的敏感，找不到充足的史料，所以就不得不改變方向。如果仍要研究中國歷史的話，只好研究古代史。我先把古代中國和南海（即東南亞的沿海部分）的關係，作為研究的對象，而由於很少人注意到貿易上的問題，就決定探討這個冷門課題。

《南海貿易》是我的碩士論文，是 1954 年寫完的。當時初出茅廬的研究生，在新加坡的馬來亞大學圖書館裏能看到的資料也很有限，又趕著準備到倫敦大學去再進修，結果匆匆在一年內把論文寫完交上去。在倫大研究的題目是唐末五代時期華北的政權結構，所以沒能繼續看有關南海貿易的史書和學術專論。1958 年回新加坡後，皇家亞洲學會馬來亞分會學報的編輯堅持要把四年前寫的《南海貿易》出版。我那時正在研究明初的朝貢制度，身邊沒有古代南海的新材料，也沒有時間修改，就勉強答應照論文原樣去刊印去。因此，論文裏有疏忽處和一些不成熟的見解，只好請各地學者指教和給適當的批評。姚楠教授細心編譯，發覺錯誤的地方，已代為修改，而且再加以注解。他這番熱誠，使我十分感激。

《南洋華人簡史》則是 1958 年初寫的。這並不是一篇學術著作，原來是給廣播用的八篇短文。當時，東南亞地區的新獨立國家，從西方殖民地主義的支配下翻身。他們的民族精神充沛，準備建立獨特的國家政體。因此，「南洋華

僑」這個概念被指為不使用，而各地華僑就面臨著一個歷史的大轉變。沙撈越廣播電臺邀請我講華人史這個題目，我想到華人面對的困難，不得不聯想到華人在東南亞的長遠歷史，就決定用這個觀點給聽眾展望將來的演變。三十年後回顧當年的觀察和預測，總感覺到這些太簡單，不足處很多。現在冒昧將重譯本出版，不妨把它當作一個記錄，代表五十年代一個年青海外華人的希望吧。

至於後兩篇，仍是偏重東南亞的古代史。一篇是 1969 年寫的，先譯成德文出版，後由馬來亞大學歷史系刊印英文原文。另一篇則是 1985 年初寫的，是皇家亞洲學會馬來亞分會在吉隆坡開年會時的一篇講辭。兩篇都提到古代東南亞一些經濟、社會和政治問題，但是可惜沒有再檢討中國的南海貿易，給我的初作添補些新材料。我希望今後有年青學者願意專心把南海貿易各種歷史問題重新再研究，用最新發現的考古材料加以詮釋，是我們對中國與東南亞各國的古代貿易關係和文化交流有個比較全面而又有系統的瞭解。

最後，我一生得到母親的愛護和鼓勵，將這本集子獻給母親。〔註32〕

姚楠在《編譯者序》（1987 年 9 月於上海，時年 76 歲）中寫道：

王賡武教授學貫中西，博古通今，著述宏富。前歲，余曾編《東南亞與華人——王賡武教授論文選集》一卷，甫脫稿，即擬再編一卷，後商諸王教授，蒙其首肯，出示論著多種，提供擇組譯，經函電商討，乃決定編譯本集。

本書所收各篇，均徵得王教授同意。茲為編排有序，便利讀者起見，將四篇論著分為三編：第一編為《南海貿易》；第二編為《南洋華人簡史》；第三編為附錄，收論文兩篇。原文發表日期自 1959 年至 1986 年。就篇幅而言，《南海貿易》字數最多，《南洋華人簡史》次之，其餘兩篇為近作，各約萬餘字。因此，這幾篇論著中有舊作也有新著，長短亦不一，但都圍繞東南亞研究而言，且均涉及華人，故即以《南海貿易與南洋華人》為書名，以求與內容一致，而又有所側重。

《南海貿易》一文曾在 1958 年發表於《英國皇家亞洲學會馬來亞分會學報》第三十一卷第二輯，係王教授以多年積累的資料與研究心得，對古代南海貿易，加以綜合分析，作出之正確評述，材料十分豐富，論斷極為精闢，允推為研究中國經濟史、東南亞經濟史、中西交通史等所不可缺少的參考書，

〔註32〕王賡武《自序》，王賡武著、姚楠譯《南海貿易與南洋華人》第 1～3 頁，中華書局香港分局 1988 年 4 月初版。

國內外學者引用甚多，惜以翻譯難度較大，必須查對許多古籍，故迄今尚無中文譯本。

《南洋華人簡史》原為王教授執教於馬來亞大學時在沙撈越電臺的廣播稿，後於 1959 年在新加坡出版單行本。其特點是以南洋華人的立場觀點來撰述。1969 年，該書中譯本曾在臺灣出版。惜乎譯文之中，有一部分未能正確表達原意，且譯者注釋太多，反有「畫蛇添足」之感，故另行譯出，以供讀者比照。

其餘兩篇論文，提出了東南亞史中幾個應要重視的問題，並闡明作者自己的見解。立論新穎，考據周詳，對東南亞的深入研究具有重大指導意義。

以上所云，非敢對王教授大作有所評論，而是說明選譯的理由。不是之處，尚乞讀者指正。

與我合作翻譯的有錢江與傳念祖兩君。所有譯文均經我校訂修改，並蒙作者親自審閱，再加修正，希望能不失原意。當然，若再有疏漏錯誤，全應由我負責。順便提一下：《南海貿易》一文引用書籍甚多，其中所引外文書籍，凡在參考書目中已列入的，注釋中只用中文譯名，不再括注原文，請讀者注意。

余已老邁，治東南亞史不可謂不久，但近年來承賡武先生不棄，得編譯其大作多篇，獲益非淺，為譯校一篇文章，較之披閱瀏覽一遍，印象深刻得多，從而感到自己的老腦筋中加進了一些新東西，不再停留在三十年代和四十年代的舊思想上。賡武先生論著甚多，現在譯出的不過是一部分。擬在我尚能工作之時繼續將他的重要論文編譯出來，另成一集。〔註33〕

附錄：王賡武在第三屆族群、歷史與文化亞洲聯合論壇——華人族群關係與區域比較研究國際學術研討會（新加坡國立大學，2009 年 11 月 13～15 日）開幕大會上的致詞〔註34〕

我非常高習慣來參加「第三屆族群、歷史與文化亞洲聯合論壇——華人

〔註33〕姚楠《編譯者序》，王賡武著、姚楠譯《南海貿易與南洋華人》第 1～2 頁，中華書局香港分局 1988 年 4 月初版。

〔註34〕此文經錄音整理完成，經王教授本人校閱。收入黃賢強主編「慶祝王賡武教授八秩晉一華誕專集」《族群、歷史與文化：跨域研究東南亞和東亞》第 vii～xi 頁《代序》，新加坡國立大學中文系、八方文化創作室、世界科技出版公司 2011 年 6 月聯合初版。

族群關係與區域比較研究國際學術研討會」。你們幾個機構（主辦單位為新加坡國立大學中文系，協辦單位為新加坡國立大學中文系校友會、新加坡茶陽（大埔）會館、新加坡南洋客屬總會）合作辦這麼大型的研討會，這是很難得的；而且我看到你們的論文題目，非常有意思，很想全程出席。可惜這個會議日期我正好另有活動，使我沒辦法全程參加，只可以來聽一場。此外，我出席開幕式，正可以來拿你們的論文回去看。沒想到，黃主任安排我來講話，其實我沒有什麼特別的好談，因為你們所談的題目已經非常地廣泛。我僅想借這個機會講一些事情，是有關我自己為什麼對族群的這些題目感興趣。

　　基本理由很簡單：我從小學時代起就有這麼一個感覺，就是我是一個「少數者」。我們在海外的華人，分布在每個國家和地區，可能大部分都是「少數者」。「多數者」則每個地方都不同，泰國的「多數者」和越南的、新馬的多數者都不同。

　　我是在馬來（西）亞霹靂州的怡保長大的。怡保城市裏頭華人還不算少數，可能還是多數。但我小的時候聽他們講話，我都聽不懂。我家裏講的是國語（華語），現在叫作普通話。父母親來自江蘇，是蘇北人，家裏講的話是「南方官話」。我母親其實是鎮江人，也算是江南人，講鎮江話。那個時候我覺得父母親講的話和外面他們所講的話不同。雖然都是華僑，但講話不同，於是很早就有了這種「少數者」的感覺，甚至是「少數者」之間更少的「少數者」。

　　其實不管是哪個族群，在任何地方都有「多數者」跟「少數者」之分。但是怡保城裏頭到底誰是少數者就很難說了。因為客家人、廣府人、福建人、潮汕人都有。可能城市裏頭廣府人多一點，在郊外就是客家人多一點。這只是我的印象，並沒有實際的數據。但是我總覺得，至少我絕對是少數——江蘇人太少了。

　　而且後來我又發現，每個族群都有他們自己的組織。福建會館非常之大，客家有嘉應會館，我還在嘉應會館的明德小學念過書，所以還學了一點客家話，至少對客家話還有點印象。但當時我們就沒有一個江蘇會館，只能加入三江會館。這個三江會館是怎麼回事呢？就是廣東、福建、廣西三省以外的人都可以參加三江會館。凡是沒有資格參加那三個省的會館的人都能參加三江會館。所以三江會館是一個非常雜的會館，什麼人都有。

　　另外，我想起，一般的廣東、廣西和福建人都把我們稱作上海人；就是

除了他們以外的，都是上海人。我們就成了上海人。但是我父親帶我到三江會館去，跟大家談話的時候，那些真的上海人講的話，我又聽不懂。更妙的是，三江會館裏頭每個人講的話都不相同。講的都是國語——現在叫普通話——但其實沒有一個共同語言，各種口音很不容易懂。因為裏面的人來自中國各省：江蘇、江西、浙江、山東、湖南、湖北、河北等都有。我還記得有個東北人，祖籍好像還是滿族人。我後來慢慢聽懂了一點，上海話也學了幾句，但學得很慢。所以我覺得從小我的一個觀點、出發點和視角，就是成為一個「少數者」之間的「少數者」的想法。

因為對族群不大瞭解，興趣也就相當濃厚。後來念書的時候，發現更妙的一件事情。我父親教過我一點中國古代史，看那些古書裏的故事，就對到底什麼是中國這個問題產生了極大的困惑。當時已是民國二十多年，中華民族的版圖我們大家都認得，但是看古代史，中國好像只在中華民國版圖的一角。於是便產生了另外一個感覺，就是可能中國人還是「少數者」，好像地方很小，到處被東夷、南蠻、西戎、北狄這些「外國人」包圍著，可能人也不太多。我真的感到很難瞭解：中國怎麼會這樣的呢？對中國歷史、對中華民族的形成，我覺得實在很難瞭解。所以我到外國念書的時候，有人問我什麼是Chinese，什麼是中國人，我實在是越想越難解答。當然我們從政治的觀點來看，可以說中華民族就是中華民國（及之後的中華人民共和國）版圖之內的各種族群建立起來的一個概念。但是其實族群問題太複雜了。我到現在為止還是對族群問題不夠瞭解。所以我很高興有機會看到你們的研究。

我後來另外一個研究題目是華僑文化。華僑這個概念很簡單，就是所有在海外的華人都是華僑，因此應該是一樣的，都是愛國的，都叫愛國華僑。但談起歷史，談起族群之間的關係，就發現並非全然如此。像十九世紀廣府人與客家人之間的械鬥得那個程度，就是不可想像的。這樣的情況臺灣也有。在臺灣連福建人之間也有械鬥，換句話就是閩南人之間也有不同的想法。可見「族群」以及「中國人」的這個概念，實在是太複雜了。

後來我發現一件很奇怪的事情。我父親常常跟我講，我的祖父雖成長於江蘇，但是我們祖籍卻不在江蘇。我的曾祖父是從河北真定搬到江蘇去的。河北真定府，就是現在的石家莊，現在已經變成一個區，從前是一個很大的府。後來我去看了一些材料，就發現北方雖然每個省在語言等方面各有不同——我聽說山東人講的話，山西人不一定聽得懂；山西有些地方講的話，河

北人也聽不懂。這是聽人家講的，我是完全沒辦法辨別出來的。但是，雖然如此，好像他們之間，並沒有什麼族群的概念，好像整個北方基本上就是中國人。所以可以說中國的發源地在北方，中國是在北方。

其實古代史裏頭已經說明，中國是在北方的。其他地方，是後來隨著移民的向南遷徙而逐漸添上去的。所以北方，像河南、山東、河北，連山西、陝西這些地方，雖大概有點區別，不過基本上沒有一個真正的族群觀念，都算是中原人吧，區別只是一種政治管理方面的區別而已。由此可見南方跟北方，實在有相當大的區別。這種分別在史料裏頭也有記載。譬如史料裏稱北方人為漢人，南方人為唐人。在元朝，北方人則被稱為北人，南方人為南人；好像南北之分老早就存在。後來我看南方的地圖，發現南方從浙江、福建、廣東到江西南部、湖南，山地很多，並且每個山地都不同，隔一個山，語言就不一定能聽得懂，因此各有各的不同想法，也不需要有什麼來往。所以族群的差別，大家就很清楚了。

從這一點我們也可以進一步想到整個的中國移民史。中國本來在北方，很小，到了秦漢以後，就伸延到南方去。移民到南方的人越來越多。我碰到一些福建人，廣東人，都說他們的祖先是從河南來的。這是很奇怪的；河南那麼多人都跑到南方去了，但它還有那麼多人。現在河南是全國人口最多的一個省，超過一億人。所以中國移民史是很重要的。因為身在外國，我從小對華人移民海外的歷史很感興趣。後來我才覺得中國內部的移民史，跟向外的移民史是密不可分的，有相同的地方，很值得比較。

中國內部的移民史，及中華民族、中華文化，跟中國的擴張有直接的關係。移民之後，居留下去，那麼這個地方就成為中國的地方，就變成中華民族的一部分。當地有土著的話，也被同化了，或者經由跟移民通婚，也成為中華民族的一部分。因此，移民跟中國擴展的關係如此緊密，直接影響到其他人對中國的瞭解。我後來看外國人講中國歷史的時候，常常就談到中國的移民史。他們很關心，因為中國移民跟中國的擴張好像有點關係，至少在中國原來的歷史中有點關係。所以為什麼外國人有時候談起中國移民，就有點緊張。因為中國歷史裏頭這部分是值得注意的：凡是大量中國人去的地方，過一段時期就可能變成中華民族、中國的一部分了。

這一點是否如此，我們也值得考慮，可能並不完全如此。像我碰到一些東南亞北部的人，他們的情況就很特殊，尤其是越南。在越南建國、越南人

和越南民族形成的過程中，雖然可能從中國中原移去的人也不少，但沒有把越南同化成為中華民族的一部分，反而是部分中國移民被同化到越南民族的部分。由此可見移民不一定把人家同化成為中華民族，也可以被別人同化成為別的民族。兩方面都可能。其實不僅南方如此，北方也如此。北方有許多原來是中原人，逃到西北蒙古等地方，跟當地人通婚成為蒙古人。不過這是少數，但總是有。在南方來講呢，至少在越南，原來由中原到那邊去的，也被同化成為越南人。那麼越南本來屬於什麼民族？如果是屬於百越的話，百越裏頭也有一些人的祖先成為廣西人、廣東人、福建人，成為中華民族的一部分，所以這裡頭又有一段很有意思的歷史。

再談下去，移民跟我們現在談的海外華人，又有很多實在是很有意思的故事。我就提出一個例子。當時我們中華民族至少還沒有像現在這樣的一個純粹的國家觀念。「民族國家」這個新名詞是從西方過來的。西方的民族國家是以族群來劃分的，基本上每個族群都成為一個國家，尤其是西歐這兩三百年，每個族群語言有點不同，它就分成另外的一個國家。最近的最顯明的例子就是捷克斯拉夫。我記得當時很驚奇。因為捷克文和斯洛伐克文有點不同，於是一個國家捷克斯拉夫便變成兩個國家。像斯拉夫的這些民族，波蘭也好，斯洛伐克、捷克也好，一直到南部的南斯拉夫，也是每個族群有點不同就成為另外一個國家。原來的南斯拉夫現在已經分裂為七個國家了。

我們如果從中華民族的傳統來看，這個就有點莫名其妙。為什麼會這樣呢？因為我們並沒有這個傳統。正相反，我們是多元民族形成一個中華民族。我們現在受到西方的影響，整天講 nation state，講民族國家。但是中華民族的這個「民族國家」在定義裏頭應該怎樣談呢？這和西方的「民族國家」好像有些不同的地方，如果接受西方「民族國家」這個概念的話，中國有那麼多少數民族，那每個民族都可以有權力要求成為一個獨立的國家嗎？所以如果中國、中國人接受西方這種狹隘的「民族國家」定義的話，就會有影響了。我們也要考慮到這一點。對中國來講，這個「民族國家」的定義是有助於中國的統一還是有害於中國的統一，是值得我們進一步去考慮的；特別是最近幾年好像這個問題尤為嚴重。其實，每個「民族」的形成的歷史，是很有意思的。

不說別的，我就覺得客家人這個族群的形成特別有意思。在早期的歷史裏，我們至少就看到在珠江三角洲早就存在很大的客家族群。福建的福州、

漳泉區域也都有。客家人其實是後來才從北方來的。雖然早期客家人如何形成，還不太清楚，但至少這幾百年來客家社會的發展還是可以理解的。客家人也是中國移民史上最成功的、最有表現的族群。雖然現在我們認為客家人的基地，即福建、江西、廣東三省邊界一帶，在明清時代就已成型，但是這族群的範圍到底在哪裏還不清楚。因為客家人不停地在移民，到處都有客家人。

我以前以為去怡保嘉應會館遇到的肯定是客家人，後來在吉隆坡碰到惠州的客家人；新加坡、越南、泰國、印尼也有各種不同來源的客家人。客家人不僅移民到海外，在中國也是不停地移民。廣西、四川、江西、湖南也有客家人；洪秀全、朱德、韓素音、鄧小平等都是客家籍地。所以客家人這個族群是怎麼形成的，我覺得特別有意思，值得好好研究，給我們帶來一些啟示。

像我們現在在海外的華人，到底有沒有形成一個族群、一個民族的可能和機會呢？這也是一個值得考慮的問題。當然我們現在遇到許多問題，不那麼簡單。因為別的國家、別的民族、現在也講民族國家，而他們的定義也是非常狹隘的。在他們那種定義之下，反而很難被他們接受成為他們的國民。不過，在這種環境下，有沒有可能整個海外華人也形成一種新的族群？不談來自什麼地方，只要在海外居住，或是在海外出生。這種可能性有沒有？我不知道。但還是值得考慮。我覺得至少在新、馬、印尼這三個地方，在這兩三百年來，當地的土生華人（Peranakan）　至少給了我們一點指示。

在荷屬、英屬的這些地方，當地的一些土生華人，即跟當地土人通婚過的華人，漸漸地開始產生一種「原始民族」的感受。因為英國或荷蘭作為當權者，在管治上將這些土生華人與當地土著嚴格地分開，單獨當成一個民族。雖然各個族群本身有不同的概念，但是對於這些土生的 Peranakan，不管你祖先是福建人或是廣東人，還是土生的，大家講馬來話，也常有來往，又有相同的風俗習慣，就可以成為一個族群。這又可能是一種正在形成的「原始民族」。當然在它未形成之前以及開始形成之後，還來了許許多多的新客。土生和新客之間的對立就成為一個相當困難且特殊的環境。

那麼為什麼在這兩百年的時期，有原始民族性的這種土生的 Peranakan，他們會自稱為中國人 Chinese，但實際上跟中國一點關係都沒有，中國話也不懂，中國字也不會看。不僅他們自己認為是中國人，大家也都認為他們是中國人。英國人的政府也好，荷蘭人也好，都認定他們是中國人，不讓他們自由活動。土著也把它們當作 Chinese。也就是說，早在中國還沒有談到 Chinese

這個外國名稱的時候，在海外、東南亞、馬來群島這些地方已經開始有了
Chinese 的身份認定。

我提出這樣的一個想法和概念，是說你們在談論這些族群的時候，要考慮到這個族群形成一個民族的過程到底是怎麼回事——以前是怎麼回事，最近是怎麼回事，將來會是怎麼回事。

這些話都是隨便講講我心裏想的。謝謝！

黃賢強主編「慶祝王賡武教授八秩晉一華誕專集」《族群、歷史與文化：跨域研究東南亞和東亞》，新加坡國立大學中文系、八方文化創作室、世界科技出版公司 2011 年 6 月聯合初版。

2009 年 11 月 13～15 日，第三屆族群、歷史與文化亞洲聯合論壇——華人族群關係與區域比較研究國際學術研討會由新加坡國立大學中文系主辦。

目錄如下：

寫於 2021 年 6 月 8 日～6 月 18 日

2021 年 10 月 28 日加入附錄部分

王賡武先生給編者的一封信

王賡武

莊園先生：

　　最近身體不適，沒能早回覆，對不起。多謝您寄來您所編的書稿，我完全同意您的出版計劃。這是一本有用的參考書，我認為不需要序文（編者按：編者 6 月 22 日發郵件給王賡武先生時，希望他為書稿賜序一篇），也不知如何寫適當的介紹，希望貴校圖書館或出版社同意出版。

　　祝一切順利。

王賡武

2021 年 6 月 28 日

編者後記

莊園

  《中國語境的王賡武》一書是我對一個研究項目前期準備的意外收穫。2021 年 5 月，我兼職韓山師範學院東南亞華文文學研究中心特聘研究員後，在該中心申報並通過了一個關於王賡武研究的重點項目〔註 1〕。作為一名華文文學學者，我希望通過對王賡武華人研究成果的考察與借鑒，促進華文文學研究方法論的開拓與創新。

  用什麼方法來研究華文文學，一直是學界幾十年來關注的焦點和探討的重點。華文文學研究起步於上世紀 70 年代末，是中國改革開放之後才開始勃興的文學學科，經過 40 多年的沉潛與奮進，在全球化背景中更加煥發出活躍的生命力。多年來，我注意到東南亞著名歷史學家王賡武教授在華人研究方面的重要貢獻，他的研究涵蓋東南亞史、海洋史、中國近現代史、海外華人史等領域，出版了數十部中英文著作。

  2020 年 6 月，王賡武教授獲得「唐獎」漢學獎。這一獎項被視為全球範圍內此領域的最高榮譽之一。「唐獎」為他而設的頒獎詞這樣說：

  歷經多元文化洗禮的成長經歷，讓他既是中國儒家文化與英國精英學術傳統的「圈內人」，也是境外看中華的「圈外人」。……為他日後成為詮釋中國世界觀的權威，提供豐沛的養分。〔註 2〕

  2020 年 8 月 8 日，王教授獲得了新加坡政府頒布的「殊功勳章」

〔註 1〕項目名稱為《評述東南亞歷史學家王賡武的華人研究——華文文學研究可借鑒方法論一種》。

〔註 2〕港中大出版社《「唐獎」第四屆漢學獎（2020）得主王賡武：多重世界開啟之時》，公眾號「不激不隨」2020 年 6 月 20 日推送。

（Distinguished Serive Order）。在 1986～1995 年出任香港大學校長後，榮休的王賡武定居新加坡，先後出任新加坡東南亞研究所董事會主席、新加坡國立大學東亞研究所理事會主席等職，對這些機構的建立以及研究能力的提升發揮了關鍵作用。

這兩個獎項正好代表了王賡武教授人生中兩個重要的面相：學術和行政。但他的一生又絕非這兩個關鍵詞所能概括的。王賡武的人生經歷異常豐富，以殖民時代的東南亞為起點，歷經殖民、戰爭、動亂、革命、大半生在三大洲間遷徙。耄耋之年的他，寫下自己「常年半游牧生涯」的故事。

2020 年 10 月，是王賡武教授九十壽誕，他推出兩部長篇自傳——《家園何處是》和《心安即是家》，後者為他與夫人林娉婷的合著。自傳的出版，可以幫助我們更感性和貼近地瞭解王賡武的學術經歷和思想理路的內在邏輯。

我以為，當下也是從華文文學研究的視角對王賡武的學術成就進行宏觀總結和借鑒梳理的合適時機。東南亞華文文學的成就與影響力不如歐美華文文學，但東南亞華文文學的文化議題一直被世界範圍內的學界所重視。如何汲取東南亞本地其他學科的重要理論資源，用於對東南亞華文文學的深度研究，這是我啟動這個課題的初衷和意義。

感謝我的導師朱壽桐教授寫作書序。從 2013 年開始，我的每一部著述都有朱老師耳提面命的殷切情誼。感謝王賡武先生授權出版此書、感謝花木蘭文化事業有限公司楊嘉樂小姐、感謝好友曹亞明。您們是我學術生涯中的光，照亮和激勵我前進的步伐……

寫於 2021 年 6 月 30 日
修改於 2021 年 9 月 22 日